Von Dem Rechtszustande Unter Den Ureinwohnern Brasiliens...

Carl Friedrich Philipp von Martius

Von dem

Rechtszustande

unter

den Ureinwohnern Brasiliens.

———

Eine

Abhandlung,

von

Dr. *C. F. Ph. von Martius*,

Ritter des Civil-Verdienstordens der Bayr. Krone, Mitgliede der Königl. Akademie der Wissenschaften, Professor, Mitvorstande und zweitem Conservator des Königl. botan. Gartens.

———

München 1832.
Leipzig, in Commission bei Friedrich Fleischer.

Inhalt.

IV

Zwischen den Schöpfungen europäischer Bildung, Sitte und Volksthümlichkeit, welche sich in der neuen Welt siegreich von den Küsten gegen das Innere des Landes hin ausbreiten, steht der dortige Ureinwohner wie ein dunkles, von keinem Menschen begriffenes Räthsel. Eigenthümliche Züge des Leibes unterscheiden ihn von allen übrigen Völkern der Erde, aber mehr noch die Beschaffenheit seines Geistes und Gemüthes. Auf der niedrigsten Stufe der Humanität, gleichsam in moralischer Kindheit befangen, bleibt er ungerührt und unbewegt vom Hauch einer höhern Bildung; kein Beispiel erwärmt ihn, keines treibt ihn zu edlerer Entfaltung vorwärts. So ist er zugleich ein unmündiges Kind, und, in seiner Unfähigkeit sich zu entwickeln, ein erstarrter Greis; er vereinigt in sich die entschiedensten Pole des geistigen Lebens. Dieser unerklärbar fremdartige Zustand des Urbewohners von America hat bis jetzt fast alle Versuche vereitelt, ihn vollkommen mit dem besiegenden Europa zu versöhnen, ihn zu einem frohen und glücklichen Bürger zu machen; und in eben dieser seiner Doppelnatur liegt die grösste Schwierigkeit für die Wissenschaft, seine Herkunft und die Epochen jener frühern Geschichte zu beleuchten, in denen er sich seit Jahrtausenden wohl bewegt aber nicht veredelt hat.

Wer immer den americanischen Menschen in der Nähe unbefangen betrachtet, wird zugestehn, sein dermaliger Zustand sey weit entfernt von jenem kindlich heitern Naturleben, das uns eine innere Stimme als den lauteren Anfang menschlicher Geschichte bezeichnet, und die älteste schriftliche Urkunde als solchen bekräftiget. Wäre der gegenwärtige Zustand jener Wilden ein solcher primärer, so würde er eine höchst anziehende, wenn auch demüthigende, Einsicht in den Entwicklungsgang des Menschengeschlechtes gestatten; wir müssten anerkennen, dass nicht der Segen göttlicher Abkunft über jenem Geschlechte rother Menschen gewaltet, sondern dass nur thierische Triebe, in trägen Fortschritten durch eine dunkle Vergangenheit, sich zu der dermaligen, unerfreulichen Gegenwart ausgebildet hätten. Aber, im Gegentheile, Vieles weist darauf hin, die americanische Menschheit stehe nicht auf dem ersten Wege jener einfachen, ich möchte sagen, naturhistorischen Entwickelung; — sie ist ohne Zweifel schon zu Manchem gekommen, was nicht in der Richtung jener Einfalt liegen konnte, und ihr jetziger Zustand ist nicht mehr der ursprüngliche, sondern vielmehr ein secundärer, regenerirter. In ihm vereinigen sich daher, wie im Traume die buntesten Bilder, Züge aus einem reinen, harmlosen Naturleben, andere, in denen die Menschheit roh, wie eine Nachahmerinn der Thiere erscheint, und endlich solche, die sich auf die höhere, geistige Natur unseres, zu vollem Bewusstseyn gelangten Wesens beziehen, und uns, wie Laute der Versöhnung, einem verwahrlosten, in mannichfaltigem Unglücke fast entmenschten Geschlechte verbrüdern.

Wer aber möchte es wagen, in diesen so verschiedenartigen und verworrenen Andeutungen eine innere Nothwendigkeit zu entziffern; wer möchte daran ein Licht entzünden, um die dunklen Phasen des historischen Processes zu beleuchten, welchen jene Menschen durchgemacht haben? — Gewiss eine solche Aufgabe zu lösen, wäre reizender und fruchtbarer, als jene Fülle wunderbarer Naturerzeugnisse kennen zu lernen, welche die neue Welt in ihrem Schooss trägt; denn immer ist, wie ein grosser vaterländischer Dichter sagt, der Mensch dem Menschen das Interessanteste.

Ein Grund ganz anderer Art, der uns zu Untersuchungen über die americanische Menschheit auffordert, ist die traurige Erfahrung, wie jenes rothe Geschlecht sich seit wenig Jahrhunderten in furchtbarer Progression verringert hat, so dass es, vielleicht bald gänzlich erloschen, sich spätern Forschungen immer mehr und mehr entziehen wird.

Alle diese Betrachtungen bestimmen mich, den Versuch zu wagen, Einiges über die rechtlichen Verhältnisse der Ureinwohner Brasiliens vorzutragen, was ich während eines mehrjährigen Aufenthaltes in jenem Lande selbst beobachten, oder aus dem Munde Anderer erfahren konnte. Ich darf hoffen, bei diesem Versuche Nachsicht durch die Bemerkung zu gewinnen, dass es ein Laie ist, der, sich auf ein ihm fremdes Gebiet wagend, nur die Gunst der Verhältnisse, unter denen er selbst sah und fragte, zur Beschönigung seines Unternehmens anführen kann.

Ehe wir uns aber anschicken, zu dem speciellen Gegenstande unserer Untersuchung überzugehen, müssen wir einen Blick auf den gesellschaftlichen Zustand der wilden Bewohner Brasiliens überhaupt werfen; denn ein Recht und rechtliche Verhältnisse setzen eine Geschichte, einen eigenthümlichen, aus dieser hervorgegangenen Zustand der Gesellschaft voraus.

Wer sind also diese kupferrothen Menschen, welche die finstern Wälder Brasiliens vom Amazonas bis zu dem La Plata-Strome bewohnen, oder in unstäten Banden auf den einsamen Fluren des innersten Binnenlandes umherziehn? Sind sie Ein Volk, sind sie zerstreute Theile eines ursprünglich Ganzen, sind sie verschiedene neben einander wohnende Völker, oder endlich, sind sie vielfach zerspaltene Stämme, Horden und Familien mehrerer in Sitten, Gebräuchen und Sprachen sich unterscheidender Völkerschaften?

Diese Fragen begreifen gewissermaassen alle Räthsel der Ethnographie Brasiliens; ihre genügende Beantwortung würde ein helles Licht über die frühere Geschichte, so wie über den jetzigen Zustand des grossen Landes verbreiten. Jedoch, unzählige Schwierigkeiten treten hier dem Forscher bei jedem Schritte seiner Unternehmung entgegen.

Wir sehen in Brasilien eine dünn gesäte Bevölkerung von Ureinwohnern, die in Körperbildung, Temperament, Gemüthsanlage, Sitten, Ge-

1*

bräuchen und Lebensweise übereinstimmen; aber in ihren Sprachen
eine wahrhaft wundervolle Verschiedenheit darstellen. Nicht blos grössere
Haufen, weitausgedehnte Gruppen dieser Wilden sind sich in der Sprache
gleich, oder in verwandten Dialekten genähert, sondern oft erscheint eine
Sprache auf wenige durch Verwandtschaft verbundene Individuen beschränkt,
sie ist dann ein wahres Familieninstitut, und isolirt diejenigen, welche in
ihrem Gebrauche mit einander übereinkommen, von allen übrigen, nahe
oder fern wohnenden, Völkern so vollständig, dass jedes Verständniss
unter ihrer Vermittlung unmöglich wird. Auf dem Fahrzeuge, in welchem wir die Binnenströme Brasiliens befuhren, zählten wir nicht selten,
unter zwanzig rudernden Indianern, nur drei oder vier, welche sich in
einer gemeinschaftlichen Sprache verständigen konnten; wir hatten vor
unsern Augen das traurige Schauspiel einer vollständigen Abschliessung
jedes Individuums in Beziehung auf alle die Interessen, die über Befriedigung der ersten Lebensbedürfnisse hinausreichen. In trübem Stillschwei-
gen ergriffen diese Indianer mit einander das Ruder, verrichteten sie gemeinschaftlich die Geschäfte im Fahrzeug und zur Herstellung ihrer fru-
galen Mahlzeit; stumm und theilnahmslos sassen sie neben einander, wenn
schon auf Reisen von hundert Meilen zur Gemeinschaft von mancherlei
Schicksalen berufen. Eine solche Verschiedenheit in den Sprachen bei
übrigens ganz gleichen Sitten, welch' auffallend räthselhafte Erscheinung!

Nur die Verschiedenheit oder Gleichheit dieser Sprachen gewährt einen,
wegen der Schwierigkeit ihrer Erforschung unsichern, Maasstab für den Grad
von Selbstständigkeit der einzelnen Horden, Stämme, Nationen, oder wie wir
sie sonst nennen wollen. So ist es auch vorzugsweise die Natur der
Sprache, was von jeher das Urtheil der portugiesischen Einwanderer über
die Selbstständigkeit der einzelnen Völker oder Stämme geleitet hat. Indianer, die sich gegenseitig verständlich machen können, werden zu Einer
Nation, wenn auch zu verschiedenen Stämmen oder Horden derselben, ge-
rechnet. Es liegt aber in der Natur der Sache, dass die Ansicht von der
Zahl, Ausbreitung und Verwandtschaft solcher, durch dieselbe Sprache,
oder durch verwandte Dialekte vereinigten, Menschengruppen sowohl früher als gegenwärtig nicht erschöpfend und allgemein wahr aufgefasst wer-

den konnte. Die Beobachtungen der europäischen Einwanderer über diesen Gegenstand waren weder in gehöriger Ausdehnung, noch mit der
nöthigen Wissenschaftlichkeit und Umsicht angestellt worden, um ein si-
cheres Resultat liefern zu können. Inzwischen veränderten auch die hin-
und herwandernden, in fortdauernden Kriegen sich verfolgenden und auf-
reibenden Stämme ihre Sprachen und Dialekte, denen überdiess die grösst-
mögliche Volubilität innwohnt. So geschah es, dass manche der früher
erwähnten Völker entweder wirklich ausgerottet wurden, oder doch vor
den Forschungen der Europäer gänzlich verschwanden; und eben so treten auch jetzt noch fortwährend früher unbekannte Völker und Stämme
aus der Nacht der Urwälder hervor, und entziehen sich bald darauf wieder, indem sie entweder in ihre früheren Einöden zurückkehren, oder
im Conflicte mit ihrer eigenen und der fremden Menschenrace untergehen.
In einer der ältesten portugiesischen Urkunden über Brasilien, vom Ende
des sechszehnten Jahrhunderts*), werden nicht mehr als drei Völker, dar-
unter die *Tupis* als in neun Stämme oder Horden getheilt aufgezählt; *Laetius* führt im Jahre 1633 sechsundsiebenzig Namen von verschiedenen Gemeinschaften auf**), und anderthalb Jahrhunderte später glaubt *Hervas* ***)
in Brasilien wenigstens einhundert und fünfzig Sprachen und Dialekte,
also etwa eben so viele Völkerschaften und Stämme, annehmen zu dürfen.
Eine sorgfältige Zusammenstellung, wie ich sie auf alle mir zugänglichen
Materialien und den während meiner eigenen Reise gesammelten Nachrichten gründen konnte, erhebt die Zahl aller in Brasilien unter verschiedenen Namen bekannten Horden, Stämme oder Nationen auf mehr als
zweihundert und fünfzig. †)

Wir dürfen jedoch hierbei nicht ausser Acht lassen, dass diese Menschengruppen einander eben so wenig an Zahl der Individuen, als, wenn

(*) Noticia do Brasil, descripção verdadeira da costa daquelle estado que pertence a
Coroa do Reino de Portugal; geschrieben von einem unbenannten Verfasser (vielleicht
Franc. da Cunha), gedr. in Collecção de noticias para a historia e geografia das
Nações ultramarinas, que vivem nos Dominios portuguezes etc Lisb. 1825. Tom. III, pars I.
(**) Laetius, Novus orbis 1633. p. 554. squ.
(***) Hervas, Idea dell'Universo 1784. Tom. XVII. pag. 29.
†) Siehe unsern Anhang.

ich mich dieses Ausdrucks bedienen darf, an Nationalität und an Selbstständigkeit der Sprachen gleichkommen; vielmehr führt jede Aufzählung
der Indianer, nach dem jetzt bekannten Namen, nicht selten ganz iden-
tische, oder doch nur durch leichte Unterschiede getrennte Horden als
verschiedenartig auf, und vereinigt ebenso Verschiedene unter demselben
Namen. Die Benennungen der einzelnen Indianergruppen gehören nicht
Einer Sprache an; sie sind bald wahre oder verstümmelte Bezeichnungen,
welche sich gewisse Haufen selbst ertheilen, bald gehören sie der durch
Brasilien am weitesten verbreiteten *Tupí*, oder sogar der portugiesischen
Sprache an; oder sie sind endlich Namen, unter welchen ein, mit den
europäischen Abkömmlingen verkehrender, Stamm irgend einen andern
begreift. Somit stehen die verschiedenartig benannten Abtheilungen bra-
silianischer Ureinwohner in dieser Beziehung mit einander nicht auf gleicher Linie. Manche sind ursprünglich durch Sprache und gewisse Sitten
vollkommen getrennte Völkerschaften; andere nur Stämme, die sich durch
Dialekte unterscheiden, oder Horden von einem gemischten Ursprunge,
welche eine dieser Entstehung analoge Sprache gebildet haben; endlich
mögen es selbst nur einzelne Familien seyn, die in einer langen Abgeschie-
denheit ihre erste Sprache bis ins Unkenntliche verdorben und umgemo-
delt, ja sogar theilweise mit einer von ihnen selbst neugebildeten ver-
flochten haben.

Diese ungeheuere babylonische Verwirrung ist eine den Menschenfreund betrübende, den Forscher beängstigende Erscheinung. Wir bli-
cken in die früheste Vergangenheit der americanischen Menschen wie in
einen schwarzen Abgrund. Kein Strahl von Tradition, kein leuchtendes
Denkmal früherer Geisteskraft erhellet dieses tiefe Dunkel, kein Laut rein
menschlicher Erhebung: kein Heldenlied, keine elegische Klage, dringet
aus diesem Grabe an unser Ohr! — Jahrtausende sind dieser Menschheit
erfolglos hingegangen, und das einzige Zeugniss von ihrem hohen Alter
ist eben die vollendete Zerrissenheit, die gänzliche Zerstückelung alles
dessen, was wir sonst als das Leben eines Volkes begrüssen, diese Zertrümmerung aller Monumente einer vormaligen, längst verschollenen
Thatkraft. Nicht das schwache, bescheidene Moos, welches die Trümmer

römischer und altgermanischer Herrlichkeit wie ein Sinnbild sanfter Wehmuth umgrünet, hat sich über die Ruinen jener südamericanischen Vorzeit ausgebreitet; — dort erheben sich vielleicht auf den Denkmälern längst untergegangener Völker uralte, dunkelnde Wälder, die Alles schon längst dem Erdboden gleich gemacht haben, was Menschenhand einstens geschaffen hatte; und das Geschlecht, welches sich aus undenklichen Zeiten herüber gerettet, trägt in seiner unmündigen Greisenhaftigkeit den Fluch einer seit Jahrtausenden erneuerten Erniedrigung.

Dieser Zustand war es, welchen die Entdecker Brasiliens bereits antrafen. Entsetzt von der wilden, fast thierischen Rohheit der Ureinwohner, zweifelten sie fast daran, ob sie auch Menschen vor sich hätten *); und es darf daher uns um so weniger wundern, wenn sie, unvorbereitet auf ein solches Schauspiel, und ungeübt in der Kritik ethnographischer Untersuchungen, es unterliessen, die vielfach verschlungenen und unscheinbaren Fäden zu entwirren, in welchen die Geschichte jener Menschheit vor uns liegt. Sie haben vielmehr gewisse irrige Vorstellungen aufgenommen und verbreitet, die mit einer richtigen Ansicht von dem Leben, Wesen und der Volksthümlichkeit dieser Indianer unvereinbar sind. Hierher gehört unter andern die, lange Zeit hindurch gültig gewesene, Annahme von der Selbstständigkeit gewisser Völker, die eigentlich als Stämme zu dem weitausgebreiteten Volke der *Tupis* gehörten, und die Ansicht, dass es ein mächtiges, wildes Volk, die *Tapujos* gegeben habe, während doch das Wort *Tapuüja* ursprünglich nur in der *Tupi*sprache als ein Collectivname für alle Stämme galt, die nicht zu den *Tupis* gehörten **) und einen Feind (wie das lateinische *Hostis*) bedeutete, so wie es gegenwärtig überhaupt jeden freien noch uncivilisirten Indianer bezeichnet.

Als sicherste hierher gehörige Thatsache steht fest, dass diese *Tupis* (oder *Tupinambazes*), welche von den Portugiesen fast überall an den

(*) Es bedurfte sogar einer ausdrücklichen Aeusserung des Pabstes, dass jene Wilde zu unserm Geschlechte gehörten! („Attendentes Indos ipsos utpote veros homines" etc., in der Bulle des Pabstes Paul III. d. d. 4. Juni 1537.)

(**) Vasconcellos, Chronica da Companhia de Jesu do Estado do Brasil. Lisb. fol. 1663. S. 95.

8

Küsten angesiedelt getroffen wurden, noch damals ein zahlreiches, mächtiges Volk waren, in viele, sich oft gegenseitig bekriegende Horden und Unterhorden gespalten, im Wesentlichen der Sitten übereinstimmend, und dieselbe Sprache in mancherlei Dialekten nuançirend. Wahrscheinlich haben sie sich von den Ländern am Paraguay- und La Plata-Strome auf vielfachen Zügen nach Nord und Nordost, bis zu dem Amazonas und den Küsten des Oceans ausgebreitet.*) Diess geschah jedoch nicht so, dass sie das ganze Gebiet ununterbrochen eingenommen hätten; vielmehr liessen sie sich zwischen vielen andern, von ihnen verschiedenen Stämmen nieder, wodurch es geschehen mochte, dass einzelne Worte ihrer Sprache in die der Nachbarn übergingen.

Die Sprache dieser *Tupis* ward, wegen ihrer allgemeinen Verbreitung, das Vehikel des Verkehrs zwischen den Europäern und Indianern. Von den Missionarien vorzugsweise benützt und ausgebildet, kam sie in Paraguay und im südlichen Brasilien in dem dortigen reineren und volleren Dialekte als *Guarani*-Sprache, im übrigen Brasilien als die *Tupi* oder *Lingua brasilica geral (commun)* mehr und mehr in Uebung. Die letztere hat sich gegenwärtig nur noch in den Provinzen von Pará und Rio Negro erhalten, wo sie nicht blos im Verkehre der übrigen Raçen mit den gezähmten und dienenden Indianern (*Indios mansos, ladinos***), sondern auch als Bindemittel dieser untereinander, und zur Verständigung mit den freien Wilden dient, unter denen sich nicht selten wenigstens ein Anklang von ihr fortpflanzt.

Die *Tupis* sind daher als das vorherrschende Volk unter den Ureinwohnern Brasiliens zu betrachten. In Beziehung auf die grosse Ausdehnung ihrer Sprache, welche sich in zahlreichen Ortsnamen durch ganz Brasilien verewigt hat, können sie vorzugsweise verglichen werden dem Volke der *Caraiben (Cariná, Caliná, Calinago)* *) im Nordost von Südamerica

(*) Martius, Reise in Brasilien. III. S. 1093 — 1097.
(**) Bis zum Jahre 1755 ward sie dort auch auf der Kanzel gebraucht.
(***) Die Weiber nennen ihr Volk Caliponan. Breton, Dictionaire Caraibe-français Auxerre 1665. p. 105. — Colombia, relacion etc. Lond. 1822. I. S. 543.

den Bewohnern von Peru, welche die *Quichua*-Sprachen, und jenen zahlreichen Horden in Oberperu und Chuquisaca, welche die *Aimará*sprache
reden. So wie aber in Peru diejenigen Indianer, welche sich ursprünglich der *Quichua* bedienten, in der Vermischung mit den Spaniern ihre
Selbstständigkeit verloren haben, so findet man auch im cultivirten Theile
Brasiliens keine freien *Tupi*-Indianer mehr. Die sogenannten Küsten-
Indianer, welche von Espirito santo bis Pará, bald einzeln, bald in
Gemeinden wohnen, sind fast ausschliesslich Abkömmlinge der alten *Tupinambazes*; sie haben aber grossentheils ihre Sprache gänzlich ver-
lernt. Nur im tiefen Innern Brasiliens, zwischen den Hauptästen des
Tapajóz-Stromes, leben noch unberührt und frei die, von keinem Reisen-
den besuchten. *Apiacás* und *Cahahyvas*, als Reste eines einst so weit
verbreiteten und mächtigen Volkes.

Wir befinden uns daher in dem sonderbaren Falle, dass unsere Schil-
derungen von den rechtlichen Verhältnissen unter den Ureinwohnern Brasiliens gerade in Beziehung auf das Hauptvolk jenes Landes zu den Berichten aus früherer Zeit zurückgeben müssen. Was wir aus Selbstan-
schauung anführen können, betrifft vorzugsweise andere, im Zustand der
Freiheit einzeln lebende Horden oder Stämme, deren Abkunft und Verwandtschaft gänzlich unermittelt ist, oder doch mancherlei Zweifeln unterliegt. Uebrigens herrscht in der Lebensweise, den Sitten, und in dem
Gedankenkreise aller Menschen von der rothen Raçe eine so grosse Uebereinstimmung, dass wir hoffen dürfen, unsere Darstellung werde, wenngleich vorzugsweise auf die Beobachtungen unter jenen vereinzelten
Stämmen gegründet, dennoch ziemlich allgemeingültige Züge aus dem
geistigen Leben der americanischen Menschheit erfassen, wenn es uns nur
überhaupt gelingen sollte, der gemachten Aufgabe einigermaassen zu
entsprechen.

Kein Volk erscheint gegenwärtig in so grosser Zahl und Ausdehnung über Brasilien verbreitet, als diess ehemals mit den *Tupis* der Fall
war. Beachtenswerth ist, dass sich gegenwärtig die starken Stämme,
welche noch am ersten auf den Namen eines Volkes oder einer Nation

Anspruch machen dürften, in dem südlichen oder mittleren Theile des Landes finden. So wohnen am Paraguay die *Guaycurûs* (*Mbayas*), von den Brasilianern *Cavalleiros*, die Berittenen, genannt, welche auf 12,000, in Goyaz die *Cajapós* und *Cherentes*, deren jeder Stamm auf 8000, und am Tapajôz die *Mauhés* und die *Mundrucûs*, die auf 16,000 und auf 18,000 Köpfe geschätzt werden. Nördlich vom Amazonenstrom eine ausserordentliche Zahl kleiner Horden und Stämme, unter den verschiedensten Namen, gleichsam als wären hier die ursprünglichen Völkerschaften durch noch häufigere Wanderungen, Kriege und andere unbekannte Katastrophen untergegangen, und in solche schwächere Haufen aufgelöst und zerspalten worden. Dort gibt es Völkerschaften, welche nur aus Einer, oder aus wenigen Familien bestehen; vollkommen abgeschnitten von aller Gemeinschaft mit den Nachbarn, scheu im Dunkel des Urwaldes verborgen, und nur durch äussere Veranlassung hervorgeschreckt; eine höchst arme, verstümmelte Sprache redend: das betrübende Bild jenes unheilvollen Zustandes, da der Mensch, beladen mit dem Fluche seiner Existenz, gleichsam als strebe er, sich selbst zu entfliehen, die Nachbarschaft des Bruders meidet.

Stämme, welche reich an Individuen sind, theilen sich in untergeordnete Horden und Familien. Diese betrachten sich dann als einander enger verbundene Gemeinschaften. Offenbar haben manche solcher Abtheilungen einen verwandtschaftlichen, andere dagegen einen bürgerlichen Grund und Charakter. Gewisse Namen dieser Menschengruppen sind Patronymica, welche gemäss der, dem americanischen Wilden eigenen, Tenacität, von den Vätern oder von Anführern[*] auf viele Generationen fortgeerbt wurden; andere sind von besonderen körperlichen Eigenschaften, oder von Verunstaltungen (z. B. unmässig verlängerten Ohren, wie

[*] So sollen die Amoipiras und die Potynâras, Stämme der Tupís, sich von ihren Anführern Amoipira und Potynâra (Potygoar) genannt haben (Noticia de Brazil. S. 310. Vasconcellos, Chronica. S. 91.); und die Azteken, einer der sieben Stämme des Volks von Anahuac, der Nauatlacas oder Anahuatlacas, wurden Mexicaner nach ihrem Anführer Mexi genannt. Acosta, Histor. natural y moral de las Indias. Sevilla 1590. S. 454. ff. S. 460.

bei Horden vom Volke *Cajapó*, verdünnerten Gliedmassen bei den *Crans*) oder von dem Wohnorte hergenommen, und in diesem Falle wohl auch von den Nachbarn ertheilt; oder sie erscheinen als willkührlich gewählte und dann bewusstlos von den Nachkommen festgehaltene Bezeichnungen. So werden sieben Familien der *Guaycurûs* am östlichen Ufer des Paraguay unterschieden, so setzen die Indianer von den Stämmen der *Gês*, *Crans* und *Bûs* in der Provinz Maranhâo ihrem Hauptnamen gewisse Worte vor, um die Horde zu bezeichnen; so nannte sich eine Abtheilung der *Manaos* am obern Rio Negro die *Ore-* oder *Ere-manaos*, d. i. die Echten. In der Gesichts- und Körperbildung, insbesondere im Grade der Hautfärbung, solcher Horden will man eine entschiedenere Familienähnlichkeit bemerkt haben. Solche Gruppen von Wilden scheinen auch durch die Verwandtschaftsverhältnisse näher befreundet; sie stehen seltener miteinander in Fehde, als diess bei Gemeinschaften der Fall ist, welche sich, ohne Rücksicht auf die Abkunft, aus verschiedenartigen Gliedern, oft nicht einmal des gleichen Stammes, gebildet, und Namen, bald von dem Gründer oder Anführer des Haufens, bald von gewissen Thieren oder Pflanzen willkührlich gewählt haben. Von solcher Art sind die zwei auch in der Sprache abweichenden Horden der *Miranhas*, am obern Yupurá, die Grossvogel- und die Schnacken-Indianer, und in solcher Weise zerfällt der, jetzt schon an Individuen arme, Stamm der *Uainumás* in mehrere nach verschiedenen Palmenarten, nach der Onze u. s. w. benannte Familien.*)

Gemeiniglich kommen alle Glieder eines Stammes, einer Horde, oder einer Familie in gewissen Zierrathen oder Abzeichen überein, welche sie als charakteristisches Merkmal an sich tragen. Dahin gehören die verschiedenen Arten von Schmuck aus Federn auf dem Haupte, Holzscheiben, Rohrstengel, Steine, Harzcylinder, Muscheln, in den Ohren, den Nasenflügeln und Lippen, und ganz vorzüglich die Tatowirungen,**) welche sie sorgfäl-

---

(*) Martius, Reise III. Thl. p. 1208. — Die Huronen sind in die drei Stämme, vom Wolf, vom Bär und von der Schildkröte, getheilt, und überhaupt tragen die meisten Tribus der s. g. oberen canadischen Völkerschaften Thiernamen.

(**) Tatowirungen kamen schon bei den Alten vor; so bei den brittischen Barbaren, (Solin. c. 22.) die daher Picten hiessen (Grimms Rechtsalt.), bei den Daciern und

fältig, oft schon von früher Jugend an, nach dem Gebrauche der Verwandten mit wiederkehrender Regelmässigkeit, im Antlitze, oder über dem ganzen Körper anbringen. Vielleicht ist die von mir schon *) geäusserte Meinung nicht unrichtig, dass sie solche nationale Abzeichen, gleichsam perennirende Kokarden, vorzüglich in der Absicht tragen, um sich von ferne als Feinde oder Freunde zu erkennen.

Die Sprache ist es ganz insbesondere, was die Art und Weise der gegenseitigen Verbindungen zwischen den verschiedenen Völkerschaften, Stämmen oder Horden begründet und bedingt. Gemeinsame oder doch gleichartige Sprache verbrüdert im Allgemeinen diese rohen Menschen; und wenn es schon nicht selten vorkommt, dass sich Horden befehden, die verwandte Dialekte sprechen, so sind doch solche Streitigkeiten meistens vorübergehend, während andere Stämme, deren Sprachen keine Verwandtschaft zeigen, in ewiger Feindschaft verharren, und sich bei jeder Gelegenheit als Todfeinde verfolgen. Eine gleichsam forterbende Feindschaft gewisser Stämme gegen einander ist innig mit ihrer Volksthümlichkeit verwachsen. Verlangt man von einem wilden Indianer den Namen seines Stammes zu wissen, so nennt er oft, auch unbefragt, zugleich den seines erklärten Stammfeindes. So betrachtet es jeder *Mundrucú* als eine Sache, die sich von selbst versteht, als eine heilige Pflicht gegen sein Volk, den armen schwachen *Parentintin* überall, wo er ihn findet, bis zum Tode zu verfolgen, dem Erschlagenen den Kopf abzuschneiden und mumisirt als scheussliche Trophäe aufzubewahren. So hat fast jeder Stamm einen entschiedenen offenen Feind, und beide betrachten sich gegenseitig als vogelfrei.

Das Gefühl einer gleichen oder verwandten Abkunft, durch Gleichmässigkeit oder Verwandtschaft der Sprache wach erhalten, bewaffnet die Theile eines Volkes oder Stammes gegen den gemeinschaftlichen Feind. Man unternimmt zu gleicher Zeit, von verschiedenen Orten her, Angriffe auf ihn nach gewissen Verabredungen, und zieht sich gegenseitig zu

Sarmaten (Plin. XXII. c. 2.) bei den Thrakern (Diod. fragm. Wess. XXXIII. 9. p. 87. ed. Bipontina), bei den Assyrern in Hierapolis (Lucian. de dea syr. ad fin.)
(*) Reise III. S. 1279.

Hülfe. Die angeborne Lust an Jagd und Krieg, leicht entzündbare Rachsucht und der mächtige Ruf des Ehrgeizes vereinigen sich, um die ganze Gemeinschaft für eine solche Expedition in die Waffen zu bringen, und kein Waffenfähiger würde sich von der Kriegsunternehmung freiwillig ausschliessen. So sind also die zwischen Stämmen eines Volks, oder zwischen Horden eines Stammes unterhaltenen Verbindungen stillschweigende Schutz- und Trutzbündnisse. Doch beschränken sich solche Verbindungen nicht auf Volks- oder Stammgenossen. Mancherlei Verhältnisse veranlassen Verbrüderungen zwischen verschiedenartigen, und Spaltungen unter genetisch verwandten Gemeinschaften. Gleichsam wie ausgestossen aus jedem völkerrechtlichen Verbande erscheinen die, an den Ufern des Madeira und des Solimoês, wie Zigeuner, auf Diebstahl und Raub umherziehenden *Muras*. Von allen andern Stämmen verachtet und verfolgt, sind sie vielleicht die armseligen Reste eines ehemals starken und mächtigen Volkes, welches seine, ohne Unterschied ausgeübten, Grausamkeiten und Räubereien in einem, von allen Nachbarn gegen sie geführten, Vertilgungskriege mit gänzlicher Zertrümmerung und Verlust eines stehenden Wohnplatzes bezahlen musste. In einem umgekehrten Verhältnisse erscheinen mächtige Völkerschaften, wie die *Guaycurûs* und *Mundrucûs*, welche sich die Hegemonie unter ihren Nachbarn erworben haben. Sie schlichten die Streitigkeiten zwischen den Schwächern, sind die Gewährsmänner des Friedens; ihre Bundesgenossenschaft, ihr Schutz wird gesucht und durch Einladungen zu den Festen, oder durch Geschenke fortwährend erhalten, welche man den Anführern darbringt. In früheren Zeiten hatten sich Stämme von caraibischer Abkunft ein ähnliches Uebergewicht über die Indianer am Rio Branco, Negro und Solimoês verschafft, welche sie vorzüglich in der Absicht bekriegten, um Sclaven zu machen. Noch gegenwärtig ist eine grosse Furcht vor einzelnen caraibischen Horden bemerkbar, welche an den Beiflüssen des Solimoês zwischen anderen Völkerschaften sich niedergelassen haben. *)

(*) So sollen am Rio Yurud Carinâs hausen, die ein Schrecken der benachbarten Stämme sind.

14

Die Spuren von völkerrechtlichen Verbindungen sind übrigens schwach, und eben so die eines von der Gemeinschaft gegen eine andere unterhaltenen Handelsverhältnisses, als Sache der Gemeinschaft. Zwar gehen manche Gegenstände im Verkehr der Wilden von Hand zu Hand durch weite Länderstrecken; doch sind diese Handelsverbindungen zum Austausche gewisser, von den einzelnen Horden erzeugter, Gegenstände niemals Angelegenheiten der Gesammtheit. Nur Einzelne, vorzüglich die Anführer, welche mit höherem Einflusse grössere Erfahrung, Klugheit und Thätigkeit vereinigen, unterhalten einen solchen Handel. So begegneten wir auf dem Tapajôz-Strome einem Häuptlinge der *Mauhés*, der Bögen von rothem Holze und Pasten des, zum Getränke benützten, Guaraná den *Mundrucûs* zuführen, und dagegen Federschmuck eintauschen wollte. Der alte *Juri-taboca*, welcher mir die Bereitung des Pfeilgiftes zeigte*), trieb mit diesem Artikel Handel zu den südlicher wohnenden Völkerschaften, die mit seinem Stamme in Frieden lebten. Nur wo sich schon Spuren europäischer Cultur geltend machen, vereinigt sich die ganze Horde zu einem Handel unter der Leitung des Häuptlings. So liefern die Häuptlinge der *Mundrucûs* und *Mauhés* regelmässig Mandioccamehl und Sarzaparille, das Erzeugniss ihrer ganzen Gemeinde, an die Kaufleute in Santarem und Obydos ab.

Die Unterordnung der Schwächeren, Feigeren, Trägeren, unter ein Individuum, das es den übrigen an körperlicher und geistiger Kraft zuvorthut, liegt tief in der menschlichen Natur; und lediglich hierin ist die Würde und Stellung eines Häuptlings unter den brasilianischen Ureinwohnern begründet. Nur persönliche Eigenschaften erheben**) zum Anführer oder Vorstand der Horde, des Stammes. Man pflegt gewöhnlich die Häuptlinge aller americanischen Wilden Caciken zu nennen, und mit diesem Worte den Begriff eines vielvermögenden Despoten zu verbinden, der über Leben und Eigenthum seiner Stammgenossen ohne Einschränkung gebietet, und die Angelegenheiten der ganzen Gemeinschaft bestimmt und

(*) Martius, in Buchners Repertorium, Band 36. H. 3. Reise III. S. 1237
(**) Duces ex virtute sumunt, wie unsere Urväter (Tac. Germ. 7.)

ordnet. In diesem Sinne konnten die spanischen Conquistadores das Wort vielleicht nicht einmal von den Häuptlingen der Mexicaner gebrauchen, in deren Sprache Cacike einen Herrn bedeuten soll. Wenn auch die Eroberer dort eine, auf die Pfeiler der Aristocratie gegründete, Monarchie getroffen haben, so dürften doch die Anführer der einzelnen Horden kein so ausgebildetes und durch Herkommen befestigtes Ansehen genossen haben. Mit diesen Caciken der Mexicaner standen die *Curacas* der alten Peruaner auf gleicher Linie. Diese regierten die verschiedenen Horden und Stämme, welche von den Incas unterjocht worden waren, ursprünglich wohl nur ebenso, wie die Häuptlinge auf den Antillen und in Brasilien ihre Stammgenossen. Nur bei stärkerer Entwickelung der Herrschermacht in der Familie der Incas ward jenen *Curacas* ein Grosser des Reichs von der Familie derselben (der *Governador Inca*)[*] zur Beaufsichtigung beigegeben. Gar häufig scheint man die Natur der gesellschaftlichen Verhältnisse unter den Autochthonen America's über Gebühr hoch angeschlagen und überschätzt zu haben, indem man manche spätere, vielleicht durch mongolische Eroberer eingeführte, Einrichtungen der Mexicaner im Auge hatte.[**] Bei den brasilianischen Urbewohnern stand und steht die Würde und Gewalt der Häuptlinge immer auf einer niedrigen, durch vorübergehende, vorzüglich persönliche, Verhältnisse begründeten Stufe. Die Anführer der *Tupis* hiessen *Tupixaba* (zusammengezogen *Tuxaua*); und so nennt man sie noch, im Portugiesischen aber *Principal* oder *Capitâo*.

[*] Garcilaso de la Vega, Commentarios reales. Madrid. 1723. I. S. 50. 276. etc.

[**] Bei den Mexicanern, und eigentlich nur bei ihnen, fanden die spanischen Eroberer eine ziemlich entwickelte Staatsverfassung. Mexico hatte eine Wahlmonarchie, welche mehrere kleinere Staaten als Theile einer Conföderation beherrschte. Anfänglich ward der König von Allen gewählt; unter der Regierung des Izcoatl, vierten Königes, wurden vier Wähler ernannt, welchen sich immer auch die jemaligen untergeordneten Fürsten von Tezcuco und Tacuba zugesellten. Der König musste einer der vier obersten Ordensverbindungen (Ditâdos) angehören. Diese waren: Tlacohecalcatl, Fürsten vom Wurfspeer, Tlacatecatl, Menschenzerstücker, Eznahuacatl, Blutvergiesser, Tlillacalqui, Herren des schwarzen Hauses. Diese vier Dignitäten bildeten den obersten Rath des Reichs. Acosta L. VI. c. 24. 25. S. 440. fll.

Körperliche Stärke, Gewandtheit, Muth, Klugheit, und vorzüglich die unter den Indianern seltene Erhebung des Ehrgeizes, dass er sich die Mühe nimmt, für die Andern zu denken, um sie zu leiten und ihnen zu befehlen: diess sind die Eigenschaften, welche den Häuptling machen. Eine der ältesten und merkwürdigsten Urkunden über die Geo- und Ethnographie Brasiliens *) behauptet von den *Tupinambazes*, dass sie nach dem Tode des Häuptlings einen Nachfolger gewählt und namentlich die Familie des Verstorbenen dabei berücksichtigt hätten; auch von den, dreitausend Mann starken, *Macamecrans* in Nordgoyaz wird angegeben, **) dass sie einen erblichen Häuptling und ausserdem sieben Kriegsoberhäupter, (wahrscheinlich Führer der einzelnen Gemeinschaften) hätten; im Allgemeinen ward mir aber berichtet, dass eine solche Wahl ohne Förmlichkeiten und ohne Beziehung auf die Familie des Verstorbenen vor sich gehe. Es scheint mir, der Häuptling nehme sich die höchste Würde unter seinen Genossen durch die Kraft seiner Persönlichkeit eben so sehr, als sie ihm von der Gesammtheit angeboten werde. Der Stumpfsinn und die Trägheit der Meisten unterwirft sich ohne Urtheil der höhern Einsicht und dem Unternehmungsgeiste dieses Einzelnen. Solchen Verhältnissen gemäss besitzt der Anführer seine Würde vielmehr in Folge eines stillen Zugeständnisses als eines Vertrages. Er unterzieht sich keinen bestimmten Verpflichtungen, *)

(*) Die bereits erwähnte Noticia do Brasil etc. p. 304. Bei den Caraiben auf Haiti soll das Cacicat nach der Erstgeburt für die Söhne, von welcher Frau immer, erblich gewesen seyn. Wenn der Häuptling ohne männliche Nachkommen starb, so ging die Würde vorzugsweise auf die Kinder seiner Schwester, dann erst auf die des Bruders über. Charlevoix, Histoire de St. Domingue, Amsterdam 1733. I. pag. 65. aus Oviedo, Historia general de las Indias 1547. L. V. c. 3. fol. 49. b.

(**) Patriota Sept. 1813. S. 63.

(***) Bei den chilesischen Wilden wird derjenige zum Oberanführer gewählt, welcher einen grossen Baumstamm am längsten auf seinen Schultern tragen kann. Die Caraiben der Antillen und der Guiana ertheilen die Würde der Hauptleute und Oberbefehlshaber nur nach vielfachen Beweisen von Standhaftigkeit und Ausdauer in Ertragung von Schmerzen und körperlichen Anstrengungen. Rochefort, Histoire morale des Antilles II. p. 538. Lafitau, Moeurs des Americains I. pag. 300. u. d. f. — Bei den Indianern in Darien ward der im Krieg Verwundete adelich und genoss grosse Vorrechte. Gomara, Historia de las Indias. Anveres 1554. Cap. 78. p. 88.

und die Uebrigen sprechen durch ihre Unterordnung keinen bestimmten Grad der ihm eingeräumten Herrschaft aus. Ohnehin sind in Friedenszeiten die Geschäfte des Häuptlings auf wenige allgemeine Angelegenheiten beschränkt. Er hört die, äusserst selten vorkommenden, Klagen streitenden Partheien, richtet hierüber nach seinem Ermessen, gemeiniglich mit Zuziehung des Zauberers und Arztes (*Pajé*); er steht den Versammlungen der Gemeinde vor; er regelt die Verbindungen mit den benachbarten Stämmen, deren Abgesandte vorzugsweise bei ihm einkehren, indem er Bündnisse eingeht, Jagdgemeinschaften verabredet u. s. w. Im Falle, dass die Gemeinde bereits mit brasilianischen Handelsleuten in Berührung getreten, ist er, als der schlaueste und erfahrenste, meistens Commissionär für die Uebrigen: er schliesst den Handel, liefert und empfängt die Tauschartikel, versorgt die Emissarien der Weissen mit Nahrungsmitteln, gibt ihnen eine Schutzwache, wenn sie durch das ihm gehorchende Gebiet reisen wollen, und sorgt für die Fortschaffung ihrer Waaren. *)

Der Grad seiner Autorität ist nach allen diesen Verhältnissen verschieden, gemäss seinen persönlichen Eigenschaften; doch findet man im Allgemeinen eine grosse Hingebung Aller in die Ansichten und Wünsche dieses Einzelnen. Bisweilen hat er eine zahlreiche Familie, oder andere streitbare Freunde zur Verfügung, um seinen Befehlen Nachdruck zu geben; und, indem sich zur angebornen Trägheit seiner Untergebenen auch die Furcht gesellt, waltet er mit einer Entschiedenheit und Macht, die den Andern unerträglich werden würde, wären sein Ehrgeiz oder seine Herrschbegierde veranlasst, sich in grossen Excessen gegen die eigenen

---

Er erhielt vom Caciken Haus und Bedienstung (Casa y servicio), und zur Auszeichnung den Namen Cavra (Herrera Dec. II. L. 3. c. 5. S. 84.) — In Peru wurden die Prinzen vom Geblüte der Sonne, welche ausschliesslich in männlicher Erbfolge thronfähig waren, durch Fasten, Durst, Wachen, Laufen u. dgl. geprüft. Garcilaso L. IV. c. 9. 10. — Aehnliches wird von den Herrschern von Mexico berichtet.

(*) Dass der Häuptling auch Verpflichtungen als Gesundheitsbeamter habe, ist mir nirgends vorgekommen. Gumilla erzählt von einem Caciken der Guamos, welcher sich bei Gelegenheit einer Seuche seines Bluts beraubte, um es den Gemeinen in der Magengegend einzureiben.

Stammgenossen zu wenden. Wo bereits Verkehr mit den Weissen eingetreten, wird der Unternehmungsgeist eines solchen, unbeschränkt gewordenen, Häuptlings vorzüglich zur Menschenjagd angelockt; denn der Verkauf erbeuteter Sclaven ist eine Quelle von Bereicherung. Fast überall in den inneren Provinzen, wo noch zahlreiche Indianerhorden wohnen, findet dieser schmähliche Menschenhandel statt, und er ist ein Hauptgrund der reissend schnellen Abnahme der indianischen Bevölkerung. — Für den eigenen Stamm wird der übermächtige Häuptling zur Geisel, wenn er, von schnöder Lust der Polygamie ergriffen, kein Recht achtend, seine Hütte zu einem Harem macht. Dieser Fall ist wegen des trägen Temperamentes der Indianer selten. Am Rio Negro ward mir noch mancherlei von den Grausamkeiten des Tupixaba *Cocui*, eines *Manao*-Indianers, im oberen Gebiete jenes Stromes, erzählt, welcher, nicht zufrieden, die Weiber seiner Stammgenossen zu entführen, sie endlich im Ueberdruss gemästet und aufgefressen haben soll. Solche Excesse seiner Gewalt bezahlt übrigens auch der Häuptling oft mit dem Tode, denn Eifersucht und Rachsucht sind mächtige Triebfedern für den americanischen Wilden, ja fast die einzigen Erschütterungen seines starren Gemüthes, welche ihn aus seiner stumpfsinnigen Indolenz emporjagen.

Wo der Häuptling Sclaven oder eine sehr starke Familie besitzt, kann er, mittelst des zahlreichen Hausstandes, eine grössere Feldcultur eintreten lassen, als sonst gewöhnlich ist. Es gebricht ihm dann nicht an Nahrungsmitteln, und die dauernde Opulenz seines Hauses trägt dazu bei, ihm die Achtung der Untergebenen zu erhalten. Fast immer beherbergt er einige Gäste, und in seiner grossen Hütte, oder in dem daran stossenden Hofe, werden die meisten Trinkgelage, so wie die übrigen Versammlungen der Gemeinde gehalten. Seine Weiber und Sclaven schaffen Speise und Getränke herbei, und bedienen die Gäste. Er selbst macht die Ehre des Hauses. So fand ich es während eines mehrwöchentlichen Aufenthaltes bei dem Anführer der Menschenfressenden *Miranhas* am obern Yupurá. Dort herrschte freilich nicht hellenische Bildung und Sitte; doch erinnerte Vieles an die natürliche Einfalt in der Haushaltung homerischer Helden.

Die düstere Gravität des Häuptlings jener *Miranhas* gestattete ihm
nicht, sich während der Feste, wo Alt und Jung, mit mancherlei Zierathen geschmückt, zum Tanz oder Gelag herbeikam, in den Insignien seiner Würde zu zeigen; sonst aber erscheinen die Anführer bei solchem Anlasse in
einem reichen Schmucke von Federn um Haupt, Schultern und Lenden,
roth bemalt und mit schöngeschnitzten Waffen in der Hand.*) Die Häuptlinge der *Gêz*-Indianer tragen als Zeichen ihrer Würde eine kurzgestielte
steinerne Axt. Die *Mundrucûs* führen einen mit grosser Kunst aus bunten Federn zusammengesetzten Scepter, und die Tupixabas der *Tupi*-
stämme scheinen als Symbol ihrer Würde, die Pocacaba, einen langen
Stab, getragen zu haben. In Bezug hierauf liess Minister POMBAL, um
den Häuptlingen der unterworfenen und in Ortschaften vereinigten Indianer zu schmeicheln, spanische Rohre mit grossem Knopf und Quasten
vertheilen, die ich noch, zugleich mit Haarbeuteln und altmodischem Ro-
cke, von einigen Principalen in lächerlichem Gepränge zur Schau tragen
sah. Dass die Häuptlinge gewisser wilder Stämme sich als Zeichen der
Würde das Haupthaar in einem Kranze abscheeren und die Nägel der

_____

(*) Eine mehr oder weniger zierliche Stirnbinde von Federn scheint die häufigste Insignie der Häuptlinge zu seyn. Man findet sie bei den rohesten (z. B. den Botocudos) wie bei den gebildetsten Stämmen (den Mundrucûs, Coërunas), eben
so wie bei allen übrigen americanischen Völkern: den Peruanern, Mexicanern, Caraiben, Chilesen u. s. w. — Die wesentlichste Decoration der Incas von Peru war,
ausser dem kurzen Haarschnitte, eine gefärbte Troddel (Llautu, borla colorada), welche sich, wie eine Franze, über die Stirne verbreitete. Der Erbprinz trug sie von
gelber Farbe. Diese Insignie war schon von Manco Capac eingeführt. Garcilaso
Commentarios L. I. c. 23. pag. 28. Die peruanischen Grossen des Reiches tru-
gen die Federquaste auf der einen Seite. Acosta L. VI. c. 12. S. 416. Auch ungeheuere, dreizöllige Platten in den unmässig vergrösserten Ohren gehörten in Peru
zu den Auszeichnungen. Die, von den Spaniern davon Orejones genannten, Vornehmen wurden für die mächtigsten Staatsämter bestimmt. Gomara c. 120. S. 157.
c. 124. S. 161. — In Mexico war die Krone eine Art Mitra. Acosta L. VI. c. 24.
S. 440. — Bei vielen brasilianischen Stämmen gehört eine Tonsur, wie die der
Franciscanermönche zu den Auszeichnungen der Personen. Wenn ein Abipone unter die Höcheris oder Edlen aufgenommen wird, pflegt ihm eine Alte in dieser
Art eine Glatze zu scheeren. Döbrizhofer, II. p. 497.

3*

Daumen krallenartig lang wachsen liessen, wird von einem ältern Schriftsteller berichtet. *)

Dem Häuptlinge steht es zu, Versammlungen zur Berathung gemein-
samer Angelegenheiten einzuberufen. Bei den Abkömmlingen der alten
Gojatacazes, den *Coroados*, welche an den Grenzen zwischen Minas und
Rio de Janeiro wohnen, geschieht die Berufung jetzt vermittelst eines zur
Trompete ausgehölten Kuhhornes, bei den *Cajapós* und *Botocudos* **)
durch ein ähnliches Instrument aus der abgestreiften Schwanzhaut des
grossen Armadills, bei den *Crans* durch Trompeten aus einem Flaschen-
kürbisse, bei den *Mundrucús* durch Rohrschalmeien und bei den *Miranhas* und andern Völkern nördlich vom Amazonas, durch Holzpaucken, ***)
die, auf mancherlei Art angeschlagen, wie Tontelegraphen, jede Nachricht
verbreiten.

Meistens werden diese Versammlungen mit Einbruch der Nacht gehalten. Jeder Hausvater hat das Recht hier zu erscheinen; †) gewöhnlich
sind es schon ältere Männer. Jünglinge habe ich dabei niemals bemerkt,
wohl aber Kinder und Knaben, die sich zudringlich unter die Redenden
mischen, und mit einer Geduld ertragen werden, die den Europäer in
Verwunderung setzt. Vor dem Anfange der Berathung herrscht ein
halblautes Geplauder oder Gemurmel unter der ruhig gruppirten Menge;
Alle reden dabei monoton und zu gleicher Zeit, unbekümmert, ob Jemand

(*) Vasconcellos, Chronica S. 91.
(**) Max. Pr. von Wied, Reise in Brasilien II. S. 10.
(***) Dieses Instrumentes wird, als bei den Caraiben üblich, schon bei Oviedo, Historia
   general de las Indias 1547. L. V. cap. l. p. 46. b. Erwähnung gethan.
†) Solche Versammlungen der Gemeinden sind also nicht mit den berathenden und
   richtenden Collegien zu vergleichen, welche durch die Incas in Peru eingeführt
   worden waren. Dort soll jede der vier Provinzen des Reiches ein Kriegs-, Justiz- und
   Finanzcollegium gehabt haben, dessen Beisitzer durch mehrere Unterordnungen von
   Grad zu Grad bis zu den Complexen von 10 Nachbarn (Decuriones) wirksam waren. Wahrscheinlich ist diese von Garcilaso a. a. O. p. 53. gegebene Darstellung
   einer sehr complicirten Staatsmaschine über die Wahrheit verschönert.

auf sie achte. Nur der Pajé, oder Einzelne, welche Parthei zu machen suchen, bewegen sich mit einiger Lebendigkeit von Einem zum Andern. Sobald nun der Häuptling erscheint, — und selten lässt er auf sich warten, — wird die Versammlung stille. Sie bildet meistens stehend, oder auf den Fussspitzen sich zusammenkauernd, einen Kreis um den Sitzenden, die aus der Ferne Kommenden mit den Waffen in der Hand, oder nachdem sie sie gleichmässig an die Hütte gelehnt hatten. Ist die Versammlung minder zahlreich, so nimmt sie wohl auch ohne Unterschied in den Hangmatten der grossen Hütte Platz, und die Berathung wird in dieser trägen Stellung vorgenommen.

Der Häuptling trägt den Gegenstand vor, und heisst dann die Andern der Reihe nach reden. Sehr selten wird der Sprechende unterbrochen, und die Berathung trägt den Charakter einer dem Europäer fast unglaublichen Ruhe, Geduld und Kaltblütigkeit. Man scheint dabei den Gegenstand nach allen Seiten zu erörtern, und der Beschluss wird, da sich der Indianer nicht scheuet, von einer frühern Ueberzeugung abzugehen, immer fast einstimmig gefasst. Ein einfaches Wort, wie: „Es ist gut," oder „das geschieht" u. d. gl., aus Aller Mund, oft mit Versetzung der Worte, emphatisch ausgerufen, beurkundet die Uebereinstimmung. Bei den nordamericanischen Wilden wird bekanntlich während der Berathung ein Feuer sorgfältig unterhalten; *) diese Sitte habe ich aber bei den brasilianischen Autochthonen nicht beobachtet.

Die Ausführung des Beschlusses wird von der Gesammtheit aller Stimmgeber dem Häuptlinge allein, oder mit Beiziehung von Gehülfen übertragen. Eine andere Versammlung, worin über das Geschehene Rechenschaft abgelegt werden soll, wird meistens auf einen bestimmten Tag anberaumt. Ist nun die Berathung vollständig geschlossen, so erhebt sich der Häuptling mit den Worten: „Geh'n wir." Jeder Einzelne sagt dasselbe gravitätisch nach, und nun zerstreut sich die Gesellschaft.

(*) Lafitau, Moeurs des Americ. I. p. 478.

22

Bei manchen dieser Rathsversammlungen ist den Weibern der Zutritt untersagt; wie man denn überhaupt beobachtet, dass ihnen die Männer sehr wenig Vertrauen schenken. Sie ziehen sich dann in die benachbarten Hütten zurück, und beschäftigen sich mit der Zubereitung von Getränken für das Gelag, welches fast auf jede Berathung folgt. Bei denjenigen Völkern, welche Sclaven besitzen, wird diesen noch weniger erlaubt Zeuge der Berathung zu seyn.

Im Kriege erhält die Autorität des Häuptlings grössere Ausdehnung. Er befiehlt dann, meistens nur mit einigen Vertrauten, oder mit dem Pajé berathend, in grosser Machtvollkommenheit, und man folgt mit unbedingtem Gehorsam. Er übt das Recht über Leben und Tod der einzelnen Krieger. — Als ich einst mit dem Häuptlinge der *Miranhas* und meinem Dolmetscher durch den Wald streifte, stiessen wir auf ein, mit Lianen an einen Feigenbaum gebundenes, menschliches Gerippe, bei dessen Anblick der Indianer grinsend bemerkte: diess seyen die Reste eines Stammgenossen, den er hier habe mit Pfeilen erschiessen lassen, weil er, seinen Befehlen ungehorsam, versäumt habe, einen befreundeten Stamm gegen die herbeiziehenden feindlichen *Umáuas* zu Hülfe zu rufen.

Wenn sich mehrere Gemeinschaften zum Kriege vereinigen, wird der Oberbefehlshaber aus allen Häuptlingen, von diesen, ohne Zuziehung der Gemeinde, gewählt. Ist die Wahl zwischen zwei Bewerbern zweifelhaft, so entscheidet ein Zweikampf unter ihnen, ein Ausspruch des Zauberers, oder die Stimme der zusammengerufenen Gemeinde. Die *Guaycurûs* erwählen bei einem Kriegszuge den jüngsten ihrer Häuptlinge zum Oberbefehlshaber, und die ältern begleiten ihn als Räthe. Am Tage des Abmarsches empfängt der Gewählte in seiner Hangmatte sitzend die Krieger, welche Mann für Mann seiner Mutter oder Erzieherin ihre Huldigungen darbringen. Diese erzählen nun mit voller Stimme, die Augen in Thränen gebadet, von den Heldenthaten der Vorfahren, und fordern die Krieger auf, ihnen nachzuahmen und eher zu sterben als zu fliehen.[*]

(*) Francisco Alvez do Prado, Historia dos Indios Cavalleiros, im Jornal o Patriota, Rio de Janeiro 1814. Nro. 3. p. 30.

Im Kriegszuge stellt sich der Häuptling an die Spitze, und gewöhnlich ficht er in den ersten Reihen. Aneiferung mehrerer Häuptlinge von verbündeten Horden oder Stämmen treibt sie oft zu den kühnsten Thaten und Wagnissen an, und nicht selten wird die Rolle des kaltblütigen Befehlshabers in der Hitze des Kampfes vergessen. Nur bei den *Mandrucús*, welche überhaupt eine sehr entwickelte militärische Verfassung haben, hält der Oberfeldherr hinter dem Schlachthaufen, von wo er mittelst grosser Rohrschalmeien den Fechtenden Befehle ertheilt. Er ist vor allen Uebrigen zahlreich von Weibern umgeben, welche die gegen ihn geworfenen Geschosse mit Geschicklichkeit aufzufangen versuchen. *) Das ganze Heer, nicht der Anführer bestimmt, ob Pardon gegeben werde oder nicht.

Der Häuptling wird durch keine Art von Geschenken oder Abgaben seiner Stammgenossen bereichert. Nur von der Kriegsbeute erhält er einen grösseren Antheil, gewöhnlich nach eigener Wahl. Ueberhaupt ist jede Art von Abgabe dem brasilianischen Wilden unbekannt. Es gibt dort auch weder Domainen noch einen Fiscus. **) Sind für eine Kriegsunternehmung grössere Quantitäten von Nahrungsmitteln nöthig, so tragen die einzelnen Familien dazu nach der Zahl ihrer waffenfähigen Glieder, oder selbst blos nach gutem Willen, bei. Wenn ein Kriegszug in grosser Ferne ausgeführt werden soll, und die Gemeinschaft nicht hinreichende Mundvorräthe besitzt, so vereinigt sie sich zum Anbaue eines Stück

*) Solche mit in den Kampf ziehende Weiber mögen die Fabeln von americanischen Amazonen veranlasst haben.

**) Die Incas der Peruaner scheinen eine, wenn auch nur leichte, Art von Tribut ihren Unterthanen aufgelegt zu haben. Vergl. u. a. Garcilaso L. V. c. 5. p. 136. und ferner Acosta Historia natural y moral de las Indias. L. VI. c. 16. p. 421. — Auch bei den Mexicanern wurde Tribut gegeben; er bestand in baumwollenen Kleidern, Baumwollenbündeln, Cacao, Gold, Silber, Federschmuck, Fischen, Wildpret und Früchten. Acosta L. VII. c. 16. p. 491. — Bei den Indianern von Darien galt eine Art Frohndienst, bei Bestellung des Ackers und Aufrichtung einer Hütte. Während dieser Arbeitszeit wurden die Frohnenden vom Häuptlinge ernährt. Herrera Dec. II. L. 3. c. 5. 8. 84.

Landes, um die nöthige Menge, verzüglich von Mandioccamehl, zu erzielen. Diese gemeinschaftlich unternommenen Feldculturen sind das Einzige, was man bei den brasilianischen Urbewohnern in Hinsicht auf Lei-
stungen Aller zu einem allgemeinen, etwa dem Frohndienste vergleichba-
rem Zwecke findet. *)

Bei vielen Stämmen dürfen gewisse Individuen, obgleich waffenfähig, nicht mit in den Krieg ziehen. Dieser Umstand ist eine der deut-
lichsten Spuren von erblichen Vorzügen unter diesen Völkerschaften.
Die Sclaven werden nemlich, wie bei den Alten, nicht gewürdiget, Waffen zu tragen; und bei Stämmen, welche die Kriegsgefangenen unvermischt mit sich selbst unterhalten und sich fortpflanzen lassen, bildet sich
auf solche Weise ein besonderer untergeordneter Stand von Sclaven.
Die *Guaycurûs, Mundrucûs* und *Mauhés,* sowie im östlichen Brasilien
die *Botocudos* **), geben den erwachsenen männlichen Gefangenen nur
selten Pardon; dagegen nehmen sie die unmündigen Kinder mit hinweg,

(*) Diese Verhältnisse waren bei den Incas in Peru viel mehr entwickelt. Das ganze
gebaute Land war von diesen Despoten in drei Theile getheilt, von welchen zwei
(die Capaellamas) den Bedürfnissen der Kirchen (Guacas) und Priester und denen
des Haushaltes der Incas, der dritte, geringere (Guacchallama) denen der Gemeinschaften gewidmet waren. Die Abgaben der Indianer bestanden in Naturalbeiträgen
an Wolle, Metallen und den übrigen Producten der einzelnen Landschaften, (Acosta
L. VI. c. 15.), und in Frohndiensten, welche nach den persönlichen Eigenschaften
und Beschäftigungen verschieden waren und niemals mehr als 2 Monate des Jahres
betragen durften. Garcilaso L. V. c. 14. Frei von Abgaben waren Männer über
50 Jahre alt, Weiber und Mädchen, Kranke, Blinde und Lahme. Ebend. L. V.
c. 6. p. 138. — Die Incas suchten sich übrigens besonders dadurch der Unterwürfigkeit der verschiedenen, von ihnen besiegten, Völkerschaften zu versichern,
dass sie grosse Haufen der Bevölkerung in andere Wohnplätze versetzten, wo ihnen
Ländereien angewiesen wurden. Diese Auswanderer (Mitimaes) dienten, wie eine
Art von Militz oder Janitscharen, um Aufruhr der Uebrigen zu unterdrücken. Pedro de Cieça, Chronica del Peru. Anvers. 1554. c. 44. p. 106. ff. Garcilaso L. III.
c. 19. L. VII. c. 1. S. 221.

(**) Neuwied, Reise II. S. 44. Man will übrigens am Rio Belmonte Sclaven der Botocudos zu allerlei Handarbeit verwendet gesehen haben. Ebend.

und lassen sie von ihren Frauen aufziehen. Die so entstandene Sclaven-
kaste wird bei den *Guaycurùs* sehr gut gehalten. Man rechnet die
Sclaven mit zur Familie; sie nehmen Theil an allen Geschäften und Festen des Hauses. Allein dieser wohlwollenden Behandlung ungeachtet,
würde man eine eheliche Verbindung des Freien mit einer Sclavin als
eine Schande ansehen; der Sohn verachtet seine Mutter, welche sich mit
einem Sclaven verbindet. *) Die Sclaven, welche ich unter den *Mundrucùs* und *Mauhés* gesehen habe, durften sich nicht wie ihre Sieger und
Herrn tatowiren, noch gleichen beweglichen Schmuck tragen; sie wagten
aber auch nicht, die Zierathen und nationalen Abzeichen ihres eigenen
Stammes beizubehalten. **) Bei anderen Stämmen, wie bei den zahlreichen
und kriegerischen *Timbiras* in Maranhâo, werden die Kriegsgefangenen
ebenfalls zu Sclaven gemacht, jedoch nicht in so greller Sonderung gehalten.

Die *Guaycurùs* unterscheiden übrigens in ihrem Volke noch zwei
Stände oder Kasten: freie Krieger und Edle. ***) Letztere erhalten von

(*) Prado, am a. O. p. 17.

(**) Uebrigens werden die Sclaven der brasilianischen Wilden durch keine besonderen
Abzeichen kenntlich gemacht, wie diess Gomara (Historia cap. 68.) von den India-
nern in Darien berichtet, welche sich selbst das Gesicht vom Munde abwärts, ihren
Sclaven aber von da aufwärts mit Farbe anstreichen liessen. Sie zogen ihnen auch
einen der vorderen Zähne aus. (Das Ausziehen der Zähne scheint bei den alten
Peruanern eine nicht seltene Strafe gewesen zu seyn. Inca Huayna Capac liess
den Caciken einer rebellischen Nation die Zähne ausnehmen und befahl, dass diese
Strafe auch auf die Nachkommen übergehen sollte. Garcilaso L. IX. c. 3.) Diese
Indianer sollen nach demselben Verfasser (ebendaselbst), ihre Sclaven sehr hart ge-
halten haben. Die Edeln wurden, wie bei den Mexicanern auf den Schultern der
Sclaven in Tragbaren getragen. — Die Caraiben der Antillen pflegten ihren Scla-
ven, selbst denen, welche sie zu Weibern aufnahmen, das Haar zu scheeren. Du
Tertre, Histoire générale des Antilles II. p. 179.

(***) Eben so gelten gewisse Rangverhältnisse bei den Abiponen. Die Aufnahme in die
Reihe der Edlen (Höcheri), welche nicht sowohl durch Abstammung als durch Auszeichnung bedingt wird, geschieht immer zugleich mit Annahme eines neuen Namens, der bei den Männern in In, bei den Weibern in En endigt. Dobrizhofer
de Abipon. II. p. 294. Diese Höcheri sprechen dann einen andern, sehr verstellten
Dialekt. Eb.

den Portugiesen den Namen der Hauptleute (*Capitaẽs*), und ihre Weiber werden mit europäischer Höflichkeit *Donnas* titulirt. Diese edleren und mächtigeren Familien unterhalten eifersüchtig eine Art von Primatie im Volke, vorzüglich durch Heurath ihrer Glieder unter einander; doch sind Verbindungen mit weiblichen Individuen der Kriegerkaste nicht verboten. Aus den Edlen werden die Häuptlinge vom ganzen Volke gewählt.

Bei den *Miranhas, Uainumás, Juris, Passés* und andern Stämmen am Yupurá, welche ihre Kriegsgefangenen ebenfalls zu Sclaven machen, werden diese minder menschlich behandelt. Da es hier keinen Despotismus des Einzelnen gibt, so gilt auch die sonst im Allgemeinen gemachte Bemerkung nicht, dass das Loos der Sclaven unter despotisch regierten Völkern verhältnissmässig besser sey. Gefangene Weiber werden bisweilen von den Siegern als Kebsweiber aufgenommen; ausserdem aber leben dort alle Gefangene in tiefster Erniedrigung, zu allen Arbeiten verurtheilt, mit Schlägen dazu angehalten, und bei Krankheit und Schwäche auf das grausamste vernachlässiget. Sie müssen gemeiniglich selbst für ihre Nahrung sorgen, oder die freien Bewohner der Hütte, wo sie untergebracht worden, werfen ihnen die überflüssigen Reste zu. Sie leben also hier nicht wie bei den *Guaycurús* und *Mundrucús* in dem mildern Verhältnisse unterwürfiger Schutzverwandten, sondern als verachtete Sclaven. Gewöhnlich sind sie aber auch nicht, wie dort, von Jugend auf erzogen, sondern schon in männlichen Jahren erbeutet, und oft bestimmt, bei vorkommender Gelegenheit an die Weissen verhandelt zu werden. Das Elend und die Hülflosigkeit, worin ich ganze Familien gefangener *Juris* bei den *Miranhas* schmachten sah, hätte das Gefühl der grossmüthigen und tapfern *Mundrucús* erweicht; aber auf die fast thierisch rohen *Miranhas* machte es keinen Eindruck. Nicht weit von diesem Volke, zwischen dem Yupurástrome und dem obern Rio Negro, wohnt ein wilder, noch jetzt der Anthropophagie ergebener Volksstamm, die *Uaupés*, welcher einen Kastenunterschied aufrecht erhält. Sie unterscheiden Anführer, Edle und Gemeine, und geben die Kaste durch Länge oder Kürze eines hohlen Steincylinders an, den jeder Einzelne am Halse trägt. Der historische Grund dieser Abtheilung liegt vielleicht, wie bei den *Guaycu-*

rûs, in der Eroberung zahlreicher Sclaven; wenigstens waren die *Uaupés* sonst eine sehr kriegerische, alle Nachbarn befehdende und die Gefangenen hinwegführende Nation. *) Der Sclave ist übrigens bei allen diesen Völkerschaften nicht blos seines eigentlichen Herrn unmittelbarer Diener, sondern seine Dienste werden ohne Unterschied von der ganzen Gemeinschaft, vorzüglich von den mit ihm in einer Hütte Wohnenden, in Anspruch genommen. Aehnliches galt bekanntlich bei den alten Lacedaemoniern.**) Von Manumission der Sclaven habe ich nirgends gehört.

Uebrigens gibt es bei den brasilianischen Wilden kein Verhältniss, wodurch die individuelle Freiheit, namentlich des Mannes, aufgehoben würde, als das: im Kriege erbeutet zu seyn. Hierin unterscheiden sie sich wesentlich von den Negervölkern, unter welchen nicht blos der Kriegsgefangene, sondern auch der des Todschlags, des Ehebruchs, der Zauberei, des Hochverraths Ueberwiesene, und der mit einer gewissen Schuldenlast Ueberbürdete seine Freiheit zur Sühne hingeben muss. Die väterliche Gewalt und das Uebergewicht des Gatten über die Frau gestatten zwar auch dem americanischen Wilden, Weib und Kinder zu verkaufen, wie wir später zu erwähnen Gelegenheit haben werden, doch geschieht diess hier sehr selten, im Vergleiche mit den Negervölkern, wo es oft scheint, dass der Vater Kinder blos erzeuge, um sie als Waare zu verhandeln. Africa, wo bei einer fast überschwenglichen Zeugungskraft der Menschenraçe, das Leben der Einzelnen gleichsam verschwindet, steht überhaupt im seltsamsten Contraste mit dem menschenarmen America, dessen ursprüngliche Menschheit im Triumphe roher Naturkräfte nicht blos geistig verödet und verdunkelt, sondern auch leiblich vereinzelt und vom Fluche der Unfruchtbarkeit getroffen worden ist.

Als eine besondere Kaste unter den *Guaycurûs* darf man wohl schwerlich jene Männer betrachten, welche sich als Weiber kleiden, sich blos weiblichen Beschäftigungen hingeben: spinnen, weben, Geschirre ma-

(*) Martius, Reise III. S. 1302.
(**) Aristoteles, de republica II. c. 5.

4*

28

chen u. d. gl., und von dem Volke Cudinas, d. i. Verschnittene, genannt werden.*) Dass diese Sitte so seltsam travestirter Männer, welche vorzugsweise und zuerst von den Illinois, den Sioux und andern Indianern in Louisiana, Florida und Yucatan berichtet worden, so fern von jenen Ländern auch im südlichen Brasilien wieder erscheine, ist um so merkwürdiger, als überhaupt das Wesen und die Bestimmung solcher Mannweiber ein Räthsel in der Ethnographie America's ausmacht. Uebrigens scheinen alle Berichte darin überein zu kommen, dass die Mannweiber bei den Indianern in geringer Achtung stehen. Von einem besondern Cultus, oder einer Ordensverbrüderung findet man keine Spur. Es ist mir daher wahrscheinlicher, dass sie mit der so tief eingewurzelten Sittenverderbniss der Indianer zusammenhängen, als dass man von ihnen auf eine Sekte von Entsagenden und sich in freiwilliger Demuth Erniedrigenden schliessen, oder wie LAFITAU gethan, in ihnen Priester der Dea syria, wenn gleich in tiefster Ausartung, erkennen dürfte. **)

(*) Prado a. a. O. p. 23. — Erinnert an die Γαλλοι, verschnittene Priester der Kybele, an den grossmüthigen Kombabus in Weiberkleidern u. s. w. Lucianus de Dea syria.

(**) Vergl. Lafitau, Moeurs des Americains I. 52. M. — Jul. Firmic. Madern. de Errore prof. relig. c. 4. — Synesii Encomium calvitii in ejus Oper. Par. 1633. fol. p. 83., gemäss welchen jene, schon im Alterthum erscheinenden weiblich gekleideten Männer für Kinäden zu halten wären; vergleiche überdiess Strabo L. XII. c. 2. §. 3. Edit. Tschuke Vol. V. S. 17. Seltsam genug weisen die Berichte über diesen Gegenstand auch auf den Hermaphroditismus hin, der namentlich unter den Floridanern häufig vorgekommen seyn soll. Ens Histor. ind. occid. Colon. 1612. p. 163; vergl. Pauw, sur les Americains. Vol. II. p. 89. „des Hermaphrodites de la Floride." — Dass die Americaner dem Peccato nefando unterworfen gewesen, berichten die ältesten Schriftsteller ausdrücklich; Hernandes Oviedo, Histor, general L. V. c. 3, nach welchem „El que dellos es paciente trae naguas (einen baumwollenen Mantel) como muger." — Gomara cap. 65, S. 82. b. cap. 68. S. 87. b. Ferner Herrera, Historia general de los Hechos de los Castellanos etc. etc. Madrid 1601. Decas prima L. III. c. 4. pag. 88. Pedro de Cieça, Chronica del Peru. c. 49. S. 134. — Noticia do Brasil a. a. O. p. 282. „Contão esta bestialidade por proëza, e nas suas aldeas pelo certão ha alguns, que tem tenda publica á quantos os querem como mulheres publicas." — In Esmeraldas, wurden diese Verbrecher gestraft. Gomara c. 72, S. 93. b.; in Nicaragua bestand die Strafe in Steinigung ders. c. 200. S. 264.

Der Menschenfreund würde gerne in solchen, ganz eigenthümlichen und unerklärbaren Gebräuchen, so ferne sie sich auf gewisse Ideen von einem geistigen Wesen, auf einen Cultus und eine diesen ausübende Priesterkaste bezögen, ein Band erkennen, welches selbst diese rohe Menschheit mit einer höhern geistigen Welt verknüpft; allein die rothe Menschenraçe gewährt, so wie sie jetzt vor uns liegt, diesen tröstlichen Anblick nicht. Alle Fäden eines Zusammenhanges zwischen einem solchen geistig erhellten früheren Zustande und der trüben Gegenwart sind zerrissen. Die Indianer haben keine Priester sondern nur Zauberer, welche zugleich ärztliche Hülfe und Exorcismen anwenden, um Einfluss auf den Aberglauben und die Gespensterfurcht der rohen Menge auszuüben. Wir können sie vollkommen mit den Schamanen der nordasiatischen Völkerschaften vergleichen. *) Wie jene sind sie übrigens nicht blos Zauberer, Fetischmacher, Wahrsager, Traumdeuter, Teufelsbeschwörer, Visionäre und Aerzte, sondern ihre Wirksamkeit hat auch einen politischen Charakter, so fern sie Einfluss auf die Beschlüsse der Stimmführer und der Gesammtheit in allgemeinen Angelegenheiten ausüben, und in Privatsachen als Schiedsrichter, Gewährsmänner und Zeugen vor allen Uebrigen eine gewisse Autorität geltend machen.

Die Pajés eines Stammes scheinen gewissermaassen eine abgeschlossene Bruderschaft darzustellen; und allerdings haben sie ein gemeinschaftliches Interesse, dem Volke seinen blöden Aberglauben, sich selbst aber

---

(*) Als einen der Beweise von früherer Verbindung der indianischen Völker auf den antillischen Inseln, in der spanischen Tierra firme, Guiana und in Brasilien könnte man anführen, dass nicht nur alle Geschäfte, Gebräuche und Arten des Einflusses dieser Hexenmeister bei jenen Völkern die vollkommenste Gleichheit zeigen, sondern dass sogar derselbe Name Pajé, (Piaché, Piacce, Boyé, wozu noch die caraibischen Formen boyaicou und niboeyri kommen) diesen Exorcisten überall ertheilt wurde. — Die Schilderung, welche i. J. 1552 Gomara von den Piachés von Cumana machte, Historia c. 83., gibt ein wahres Bild von diesen Betrügern, wie sie in allen Theilen America's noch gegenwärtig wirken. Vergl. Acosta a. a. O. p. 372. Garcilaso L. I. c. 14. p. 17. Herrera Dec. II. L. III. c. 5. S. 84. — Ganz ähnliche Züge stellt der Angekok der Grönländer dar. Cranz, Historie IV. S. 268. ffl.

eben dadurch Ansehen, Vermögen und Einfluss zu erhalten. Schon in
der Jugend werden daher die Pajés zu diesem Betrügerorden bestimmt.
Die erfahrnen Alten übernehmen es, ihre Zöglinge abgesondert in rauher
Einsamkeit zu erziehen und auszubilden. Der junge Zauberer wohnt für
sich allein auf einem Berge, an einem Wasserfalle, oder in einer andern,
durch ihre Natur ausgezeichneten Oertlichkeit. Hier wird er zur Nacht-
zeit von seinen Ordensbrüdern besucht. Er hält, wenigstens zum Scheine,
zwei Jahre hindurch strenge Fasten*); bis er endlich von den Uebrigen
unter gewissen Ceremonien als Pajé bei der Horde eingeführt wird. Hierher zurückgekehrt, sucht er fortwährend durch Schweigsamkeit, gravitä-
tische Absonderung, Casteiung und gaukelhafte Behandlung der Kranken
zu imponiren, und allmälig gewinnt er ein aus Furcht und Neigung ge-
mischtes Vertrauen. Man würde übrigens diesen Hexenmeistern Unrecht
thun, wollte man sie als vollständige Heuchler betrachten. Sie sind, wie
so viele Betrüger, vom eigenen Aberglauben betrogen und wähnen sich
in der unmittelbaren Gewalt dunkler, ihnen selbst feindlicher Mächte.
Freilich aber werden sie in ihren meisten Handlungen von Eigennutz und
Gewinnsucht geleitet. Sie verstehen sich mit den Häuptlingen, welche,
als die klügsten und vorurtheilslosesten, sich ihnen mehr aus Interesse
als im Glauben auf ihre Künste verbinden.

Manche dieser Pajés stehen bei ihrer und bei den benachbarten Horden im Geruche einer besondern Heiligkeit; sie ihre Hütte und anderes Eigenthum werden selbst bei Krieg und Plünderung verschont, während andere wie ein gemeiner Feind behandelt werden. Ueberhaupt kommt bei
dem Pajé, wie bei dem Anführer, Alles auf die Kraft seiner Persönlichkeit
an. Der Zauberer, welchen die Horde nicht mehr fürchtet, ist ihres bit-
tersten Hasses und tödtlicher Verfolgung gewiss. — Der Pajé weihet Amu-
lette (Holz und Knochen, Steine, Federn u. d. gl.), um Unglück von der
Hütte fern zu halten. Diese Gegenstände werden im blöden Aberglauben
aufgestellt und verehrt. Wo er als Richter zwischen streitenden Partheien

---

(*) Diese Bussübungen und manches Andere in den Gebräuchen dieser Visionäre erinnert an den Orden der indischen Fakire. Vergl. Bohlen, d. alte Indien, I. p. 182 ff.

auftritt, bannet er gewisse Gegenstände unter allerlei gaukelhaften Beschwörungen, so dass der frühere Besitzer in seinem Besitzrechte dadurch vermeintlich bestärkt wird, oder es, meistens zu Gunsten des Pajé selbst, oder eines Gönners desselben, verliert. Unter dem Scheine von Hexerei beschränkt, erweitert oder sichert er manchmal einer ganzen Gemeinschaft Besitzthümer, Rechte oder Befugnisse. So werden z. B. durch den Pajé die Grenzen gewisser Reviere, wie etwa zur Jagd, bestimmt; so muss eine Frau, auf welche verschiedenseitige Ansprüche gemacht werden, nach seinen Worten abgetreten oder übernommen werden. Auch zu Verträgen, Krieg oder Frieden, rathen die Pajés mit grosser Autorität. Zu diesem Behufe geben sie vor, nächtliche Erscheinungen gesehen, furchtbare Stimmen gehört, mit abgeschiedenen Seelen Zwiesprache gepflogen zu haben.*) Die Erscheinungen irgend eines Thieres, z. B. des sogenannten Laternenträgers, gewisser Eulen und Sperber, oder die Bewegungen einer abgerichteten Schlange werden als Zeichen ihrer Verbindung mit einem übernatürlichen Wesen aufgerufen.

In ähnlicher Weise wirken, unmittelbar oder auf den Rath und im Interesse des Pajé, auch weibliche Zauberinnen. Jener dunkle Begriff also vom Zusammenhange des Irdischen mit einer dieses beherrschenden verborgenen Kraft, — Ein Begriff, der auch dem rohesten Menschen nicht ganz fremd ist, — wird das Band, woran der schlaue Pajé die träge Blindheit seiner Stammgenossen gängelt. So wirkt dieser betrogene Betrüger, selbstständig oder nach Abrede mit dem Häuptlinge, unter der vorgeblichen Vermittelung einer höhern, unbegriffenen Geisterwelt, als Gesetzgeber, Richter und als geheimer Polizeimann.**)

(*) Vergl. Spix und Martius, Reise I. 370.
(**) Eine solche Verbindung des Irdischen mit dem Ueberirdischen und eine Abhängigkeit Jenes von Diesem finden wir zu Zwecken der bürgerlichen Gesellschaft vorzüglich stark entwickelt bei den Südseeinsulanern, in dem Institute des s. g. Tahbu, wodurch Sachen und Personen für immer oder für gewisse Zeiten unter den Schutz eines Bannes gestellt werden, dessen Verletzung die Beleidigung und Rache der Geister nach sich ziehen würde. S. Langsdorff, Bemerkungen auf einer Reise um die Welt. I. S. 113.

Den Triumph dieser rohesten Versuche einer Theokratie sehen wir in der Erhöhung eines solchen Pajé, durch den Ausspruch mehrerer seiner Collegen, zu der Würde eines heiligen, unverletzlichen Einsiedlers, der, ferne von den Menschen, auf dem unzugänglichsten Berge der Gegend wohnt, ohne Nahrung zu sich zu nehmen, in ununterbrochenem Verkehre mit höheren Wesen. Ich habe an den Ufern des Yupurá von einem solchen Wundermanne gehört, dessen die Indianer mit grösster Verehrung gedachten. Er sollte auf den von Gold und Silber glänzenden Bergen am Flusse Uaupés wohnen, blos von einem Hunde begleitet, der ihn beim Herannahen einer Sonnenfinsterniss davon durch sein Gebell in Kenntniss setze; dann verwandle sich der Zauberer in einen grossen Vogel, und flöge unter den Völkerschaften umher, bis er, sobald die Sonne ihren Glanz erneuerte, in seinen alten Aufenthalt zurückkehren dürfe. Wunderbar mahnt dieses Mährchen an die Sagen von den Goldbergen Parimá, von der Gewohnheit der alten Peruaner, bei einer Mondfinsterniss die Hunde durch Schläge zum Bellen zu reizen*), und an die Zauberkräfte, welche viele Indianer den Vögeln aus dem Geiergeschlechte**) zuschreiben.

Sobald Hexerei und Zauberwerke zum Schaden und Nachtheil ausgeübt werden, sind sie in den Augen dieser rohen Menschen die gröbsten Verletzungen des gesellschaftlichen Zustandes. Sie gefährden in der vermeintlichen Macht, das Böse durch übernatürliche Mittel und unerkannt auszuüben, die Sicherheit der Personen und des Eigenthums auf eine doppelt furchtbare Art. Daher erklärt sich der bittere Hass und die unablässliche Verfolgung Aller gegen denjenigen, welcher den Verdacht schwarzer Künste auf sich gezogen hat, ohne zugleich, wie die ärztlich thätigen Pajés, eine wohlthätige Wirksamkeit auszuüben. Oft ist es der Pajé selbst,

(*) Garcilaso L. II. c. 25. p. 62. — Aehnliches wird von den Grönländern berichtet: Cranz Historie v. Grönland. IV. S. 295., wo die Weiber während einer Sonnenfinsterniss die Hunde kneifen, um sie zum Bellen zu bringen.

(**) Dahin gehört auch der Garuda, in der alt indischen Mythologie dem Vishnu heilig. Bohlen, das alte Indien I. S. 203.

welcher sich durch Bezüchtigung eines Andern von einem gefährlichen Nebenbuhler befreien will. Ist er nicht glücklich in der Behandlung eines Kranken, so schiebt er die Schuld auf die Zaubereien eines demselben feindlich gesinnten Individuums. Nicht selten geschieht es in diesem Falle, dass sich die Angehörigen des Kranken ihres vermeintlichen Feindes entledigen, indem sie ihn geradezu umbringen. Ausserdem aber kommt die Sache vor den Häuptling oder vor die ganze Gemeinde zur Berathung. Es sind bei den brasilianischen Wilden häufiger Weiber *) als Männer, die solchen abergläubischen Vorstellungen geopfert werden. Der schuldig Befundene wird erschlagen oder erschossen. In diesen Sitten kommen die brasilianischen fast mit allen übrigen americanischen Ureinwohnern überein. Namentlich sind die Caraiben von denselben Vorurtheilen beherrscht. **)

So niedrig sich auch die Bildung der brasilianischen Ureinwohner in den bisher erwähnten Zügen ihrer Rechtsgewohnheiten darstellen mag, sind diese Völker doch bereits zu dem Begriffe eines Eigenthums, sowohl der ganzen Gemeinschaft, als eines jeden Einzelnen, gekommen. Aus der falschen Vorstellung, dass die wilden Südamericaner keinen Landbau getrieben hätten, oder auch jetzt nicht treiben, mag der nicht minder verbreitete Irrthum hervorgegangen seyn, als besässen sie kein unbewegliches Eigenthum. Im Gegentheile aber habe ich, mit Ausnahme der landlos umherziehenden *Muras*, kein Volk kennen gelernt, das nicht einen, wenn auch noch so geringfügigen, Ackerbau triebe. Nomaden, wie die

(*) Eben so bei den Grönländern, wo die der Hexerei bezüchtigten alten Weiber gesteinigt, erstochen und zerschnitten, oder in die See gestürzt werden. Cranz, a. a. O. I. S. 217.

(**) Vergl. Charlevoix Histoire de St. Domingue, I. p. 75. — Sie verstümmeln und tödten ihre Pajés, wenn der von ihnen behandelte Kranke stirbt, und sie Veranlassung haben, es dem Arzte zur Last zu legen. Herrera Dec. I. L. III, c. 4. p. 87. — Die Chilesen pflegen ihre falschen Zauberer und deren ganzes Eigenthum zu Asche zu verbrennen, damit nichts Unheilvolles zurückbleibe. Marcgrav, Chili. p. 30. — Bekanntlich sind auch die Negervölker sehr strenge gegen die der Zauberei Bezüchtigten. Sie erproben ihre Schuld oder Unschuld vermittelst eines Gottesgerichtes durch vergiftete Pillen. —

der asiatischen Steppen, deren Existenz lediglich auf ihren Viehheerden beruht, gibt es in ganz Südamerica nicht. So weit die Familien einer Horde oder eines Stammes über einen gewissen Landstrich verbreitet wohnen, wird diess Gebiet von jedem Einzelnen als Eigenthum der Gesammtheit betrachtet. Klar und lebendig ist in der Seele des Indianers dieser Begriff. Dabei aber denkt er sich das Stammeigenthum als ein unungetheiltes, keinem Einzelnen stückweise zugehörendes Gemeingut. Er wird es einem Individuum des benachbarten Stammes gar nicht, oder nur aus Furcht gestatten, sich auf diesem Grund und Boden niederzulassen, wenn schon er dessen Werth für sich selbst so geringe anschlägt, dass er den eigenen Wohnplatz oft ohne Ursache verlässt, um nach Laune und Willkühr einen andern Platz einzunehmen, worin er auch von keinem Stammgenossen gehindert wird.

Dieser klare Begriff von einem bestimmten Eigenthum des ganzen Stammes begründet sich vorzüglich in der Nothwendigkeit, dass dieser ein gewisses Waldgebiet als ausschliessliches Jagdrevier besitze; denn während wenige Morgen bebauten Landes hinreichen, Feldfrüchte für eine zahlreiche Gemeinschaft zu erzielen, muss sich ein genügender Wildstand über ein viel grösseres Gebiet ausdehnen. Bisweilen gehen solche Jagdvereine sogar über das vom Stamme bewohnte Land hinaus. Ihre Grenzen sind Flüsse, Berge, Felsen, Wasserfälle und grosse Bäume.*) Diese Abmarkungen beruhen bald auf Tradition, bald auf ausdrücklichen Verträgen. Bei solchen Grenzbestimmungen sind auch die Pajés thätig, indem sie mancherlei zauberische Gauckeleien, vorzüglich mit der, allen americanischen Wilden eigenthümlichen, Klapperbüchse (*Maracá*) machen, trommeln, und mittelst grosser Cigarren räuchern. Bisweilen werden Körbe, Lumpen oder Lappen von Baumrinde an den Grenzmarken aufgehängt. Die Uebertretung der Jagdreviere ist eine der häufigsten Veranlassungen zum Krie-

(*) Von dieser Art sind die sechs ungeheuren, wenigstens 600 Jahre alten Bäume einer mexicanischen Magnoliengattung, welche das Land des ehemaligen Zapotequen - Königs von Etla als Grenzmarken umgaben und noch gegenwärtig in Etla, Teosacualco, Zani-za, Santyaguito und Totomachapa bewundert werden. Baron von Karwinski, brieflich.

ge. Freiwillige Abtretungen desselben erfolgen stillschweigend, indem ein Stamm abzieht und das Gebiet dem andern überlässt.

Durch das Bisherige haben wir angedeutet, dass der Wilde das von ihm angebaute Stück Land gewissermaassen als Besitzthum seines Stammes betrachte. Im engeren Sinne aber wird es auch unbewegliches Privateigenthum, eben so wie diess mit der Hütte der Fall ist; und zwar erscheinen diese beiden Immobilien vielmehr als Eigenthum der ganzen Familie, oder mehrerer in einer Hütte beisammen wohnender Familien, als dass sie ausschliesslich Einer Person gehörten. Hierin findet also eine merkwürdige Uebereinstimmung mit den Rechtsgewohnheiten der alten Griechen und unserer germanischen Vorväter statt.[*) Solche liegende Güter werden auch von den Indianern nur gemeinsam erworben, und daher um so billiger als gemeinschaftliches Besitzthum betrachtet. Eine oder einige vereinte Familien nämlich machen ein Stück des Urwaldes urbar und bepflanzen es mit Mandiocca, Mais, Pisang, Baumwolle u. s. w.[**) Ohne eiserne Aexte werden solche Grundstücke nur mit grosser Mühe hergestellt; auch sind sie überall nur von geringem Umfange (ich habe kein indianisches Feld gesehen, das mehr als eines Tagwerks Ausdehnung gehabt hätte). Die Geschäfte des Landbaues werden vom weiblichen Theile einer oder mehrerer, vereint wohnender, Familien besorgt. So lange man denselben Wohnplatz beibehält, fährt man fort, dasselbe Grundstück Jahr für Jahr zu bebauen; denn stets andere Theile des Waldes urbar zu machen und die bebauten zu verlassen, worin das Agricultursystem der americanischen Colonisten besteht, wäre zu mühsam. Durch diesen mehrjährigen Anbau werden das Grundstück und dessen Erzeugnisse Eigenthum

(*) Aristoteles de republica, II. c. 5. Xenophon de republica Lacedaemoniorum c. 6. Tacitus Germania c. 20. Lex Salica, Sachsenspiegel u. s. w.

(**) Bei den Peruanern ward der Besitz eines Grundeigenthumes, gemäss der Verordnung des Inca Pachacutec, durch Vermessung gesichert, und die Unterthanen pflegten sowohl diese Privatgründe, als die zum Dienste der Herrscherfamilie und der Sonne bestimmten Ländereien gemeinschaftlich zu bearbeiten. Garcilaso Lib. VI. c. 35. S. 217. 2. — Die erworbenen Feldfrüchte wurden in gemeinschaftlichen Speichern verwahrt. Acosta Lib. 6. c. 15. p. 422.

der Familie.*) Die Nachbarn erkennen die Rechtmässigkeit des Besitzes von beiden factisch an, indem sie das Grundstück weder für sich selbst ansprechen, noch es benützen, wenn die Früchte abgeerndtet sind. Sofern Land ohne Production dort im Ueberfluss und ganz werthlos ist, könnte man sagen, dem Indianer sey Privatgrundbesitz fremd und er pflege nur von seinen Stammgenossen und Miteigenthümern des gesammten Landgebietes ein untergeordnetes Proprietäts- und Nutzungsrecht durch theilweise Urbarmachung des Waldes für sich zu erwerben. Wir hätten somit hier die erste Anlage zu einem Ober- und einem nutzbaren Eigenthum (Dominium divisum: directum et utile). Die Erwerbung des nutzbaren Eigenthums geschieht unmittelbar durch ursprüngliche Besitznahme, oder nachdem es von andern verlassen worden. Die Begriffe des Indianers über diesen Gegenstand sind übrigens sehr wenig entwickelt. Er nutzt das eingenommene Stück Land ohne hierin ein Lehen oder Erbzinsgut zu erblicken, das ihm etwa förmlich von der ganzen Gemeinschaft zugetheilt worden wäre. Alle solche Züge, welche, wenn auch nur von weitem, an Principe des Feudalsystemes erinnern könnten, sind nicht blos hier, sondern wohl überhaupt in ganz America unter den Ureinwohnern vollkommen unbekannt. Mag auch das gesammte System der Verwaltung der Incas in Peru, mittelst der von ihnen bestätigten und von Personen ihrer Familie (Governadores Incas) beaufsichtigten Curacas, auf den ersten Blick eine Aehnlichkeit mit Feudalverhältnissen darzustellen scheinen, so ergiebt sich doch bei genauer Prüfung, dass es davon weit verschieden, übrigens aber dort bei der allmäligen Ausbreitung der Macht der Incas über zahlreiche, den Urbrasilianern an Rohheit gleiche, Stämme, die einzig mögliche Form der Verwaltung war.

***

(*) Als Grundeigenthum der Familie und nicht des Einzelnen erscheinen unbewegliche Güter vorzüglich bei den ehemaligen Wilden in Nicaragua. Hier konnte derjenige, welcher seinen Aufenthalt veränderte, nicht vollkommen frei über seinen Grundbesitz disponiren, sondern musste ihn den zurückbleibenden nächsten Verwandten überlassen. Gomara c. 206. p. 364.

Von Diebstahl an Feldfrüchten**), wie überhaupt von Raub und Diebstahl habe ich unter den brasilianischen Indianern nur selten gehört.
Eben so wenig nahm ich Befriedigungen um die Anpflanzungen oder andere Zeichen von Abmarkung eines ausschliessenden Besitzes wahr. Von
den Wilden von Cumana wird berichtet**), dass sie ihre Pflanzungen
mit einem einzigen Baumwollenfaden, oder einer Liane zwei Fuss hoch
über dem Boden umzogen, und damit ihr Eigenthum hinreichend gewahrt
hätten, indem es als grosses Verbrechen gegolten, über jene Schranke
einzutreten, und ein allgemeiner Glaube herrschte, dass der, welcher diese
Befriedigung zerreisse, bald sterben werde. Dieselbe Meinung herrscht
wohl auch bei den Indianern am Amazonenstrome. Bei den *Juris* habe
ich zwar keine ganzen Felder, jedoch Theile der Feldgrenze, da wo der
Zaun zerstört war, mit einem einzigen Baumwollenfaden eingefriedigt
gesehen. In Europa darf nur in der Dichtung die schöne Prinzessin Chri-
emhilde ihren fabelhaften Rosengarten, zum Zeichen ausschliesslicher Herrschaft, mit einem Seidenfaden umgeben***); für die Besitzthümer der
Wirklichkeit braucht unsere Civilisation mächtigere Gewährschaften. —
Nach dem Tode des Familienoberhauptes bleibt das Grundeigenthum bei
der Familie. Diese mittelbare Erwerbungsweise geschieht jedoch weder
durch eine letztwillige Verordnung (Testament), noch durch ausdrückliche
Erbverträge, sondern lediglich durch eine stillschweigende Rechtsgewohnheit.

Ausser solchen cultivirten Grundstücken kann man ein unbewegliches
Eigenthum bei den meisten Völkerschaften in ihren Hütten, oder Häusern
sehen; sofern sie in gewisser Ausdehnung und Festigkeit erbaut werden.
Der elende *Mura*, ohne Dach und Fach umherziehend, behilft sich oft
mit einer Hangmatte aus Rinde, zwischen dichtlaubigen Bäumen aufge-

(') Von den Indianern in Darien sagt Gomara: Als grösstes Verbrechen gilt der Dieb-
stahl und Jeder kann denjenigen strafen, welcher Mais gestohlen, indem er ihm die
Arme abhaut, und sie ihm um den Hals hängt. c. 68. p. 88. b.
(**) Gomara, Historia c. 79. p. 103.
(***) Rosengartenlied, Strophe V.

hängt; dem *Patachó* genügt eine, gegen Sonne, Nachtthau und Regen flüchtig erbaute Decke von Schilf und Palmblättern, und nicht viel besser sind die der *Botocudos*. Ausserdem aber erbauen fast alle Stämme ihre Hütten zum Theil so fest, dass sie einer Reihe von Jahren trotzen können. Die fensterlosen Hütten am Rio Negro und Yupurá, worin man Schutz vor den Stechfliegen sucht, sind aus Lehm, oft sogar aus Stein, erbaut und vererben von einer Generation zur andern.

Wenn mehrere Familien dasselbe Gebäude bewohnen, besitzt eine jede derselben denjenigen Theil, worin sie ihre Hangmatte aufhängt und ihr Feuer anzündet, vorzugsweise als Eigenthum. Hier, in diesem, meistens durch Pfosten an der Wand abgemarkten Antheile nimmt jede Familie ihre besondern Geschäfte vor, um welche sich die übrigen Nachbarn, nach angeborner Indolenz, gar nicht bekümmern. Da die Feuerstelle für jeden Antheil wesentlich ist, bezeichnet der brasilianische Wilde die Grösse der Hütte, indem er die Zahl der Feuerstellen angibt, gleich wie diess bei den Nordamericanern Brauch ist. Diese Wohnungen werden, ebenso wie die zu Versammlungen dienende Hütte des Häuptlings, nur als Eigenthum der Bewohner betrachtet, wenngleich mehrere Nachbarfamilien oder die ganze Horde zu ihrer Errichtung beigetragen haben sollten. Die allen Antheilen gemeinschaftlichen Thüren werden Nachts angelehnt, oder von Innen durch Stützen verschlossen, zur Tagszeit aber offen gelassen, oder bei Abwesenheit der Bewohner, bald mittelst eines hölzernen Riegels, bald durch einen um die Klinke gewickelten Baumwollenfaden geschlossen. Das erstemal, als ich diese harmlose Art der Verschliessung bei den *Juris* antraf, trat ich neugierig in die Hütte, und erblickte auf einem Brettergerüste ein todtes Kind; später aber fand ich auf ähnliche Weise viele Hütten versperrt, so dass mir eine besondere Beziehung des Baumwollenfadens, gleichsam als bannend, unwahrscheinlich wird. Gar oft findet man die Hütten nur verschlossen, um den Stechfliegen den Eingang zu wehren.

Dieses volle Vertrauen in die Redlichkeit der Nachbarn, wovon wir in Europa nur bei den Scandinaviern des äussersten Nordens ein Gegenstück

finden, ist ein schöner Zug im Charakter des americanischen Wilden.
Sein Verdienst wird durch den Umstand nicht geschmälert, dass er nur
wenige, und im Allgemeinen leicht zu erwerbende Besitzthümer habe.
Waffen, Federschmuck und Hausgeräthe sind für ihn Gegenstände hohen
Werthes, obgleich er fast alle, freilich nicht ohne Mühe und Zeitaufwand,
selbst verfertigen kann. Dass aber Alle unter den gleichen Bedingungen
des möglichen Erwerbes leben, dass es hier nicht, wie in civilisirten Staaten Arme und Reiche gibt — diess scheint das Palladium der indianischen
Ehrlichkeit zu seyn. Auch in dem einfachen Wilden entflammt sich die
Begierde nach dem, was sehr mühsam und nur ausnahmsweise zu erwerben ist, und, überwältigt von den bösen Gelüsten, wird auch er zum Dieb.

Fällt ein Diebstahl vor, so wird er gewöhnlich dem Häuptlinge an-
gezeigt; und dieser sucht zugleich mit dem Pajé oder mit andern seiner
Räthe dem Thäter auf die Spur zu kommen. Grosse Strafen werden
übrigens auf die hier vorkommenden Fälle von Diebstahl nicht gesetzt.
Die Zurückgabe des gestohlenen Gutes, Schläge oder wohl auch eine Ver-
wundung in die Arme und Schenkel, sind die, gewöhnlich von dem
Häuptlinge dictirten, und wohl auch sogleich vollzogenen Strafen. Von
den übrigen americanischen Wilden wurden Diebstahl und Raub mit
strengeren Strafen belegt. **)

(*) Bei den Caraiben auf Haiti wurden Räuber und Diebe gespiesst, ohne dass Jemand
für sie intercedirte. Oviedo L. V. c. 3. S. 50. b. Charlevoix St. Domingue I.
p. 64. Bei den alten Indianern von Cuzco wurden sie geblendet. Gomara c. 124.
Die Incas straften Räuber, eben so wie Brandstifter und Mörder, durch den Strang.
Acosta L. VI. c. 18., Garcilaso L. IV. c. 19. Unter den Chilesen wurden Räuber
und Diebe, ebenso wie die Kriegsgefangenen, mit dem Tode bestraft, wenn sie sich
nicht durch den Einfluss mächtiger Freunde retten konnten. — Die Indianer von
Darien straften Räuber, Mörder, männliche Ehebrecher, ja sogar Lügner (?) mit
dem Tode. Herrera Dec. II. L. 3. c. 5. S. 84. — In Esmeraldas wurden Diebe
und Mörder gestraft. Die Verbrecher wurden an Pfähle gebunden und gegeisselt,
es wurden ihnen die Nase und die Ohren abgeschnitten, oder sie wurden aufge-
hänkt. Den Edelsten wurden zur Strafe die Haare abgeschnitten, und die Aermel
der Kleider aufgeschlitzt. Gomara c. 72. S. 93. b. — Die Indianer von Nicara-

Auch dieser rohe Mensch kennt verschiedene Arten des Werthes; er unterscheidet Besitzthümer, welche ihm einen materiellen Nutzen gewähren, und andere, denen er nur mit aller Vorliebe des Stolzes und der Eitelkeit anhängt. Unter den *Miranhas*, die ich mittelst der Holzpaucken zusammenrufen liess, um Waffen und Zierrathen einzuhandeln, befand sich Einer, der ein Halsband von den grössten Onzenzähnen trug. Vergeblich bot ich ihm mehrere Aexte dafür an; sein Stolz widerstand jeder Versuchung; denn jene Trophäe eines kühnen Jagdglückes erhob ihn in den Augen der Stammgenossen; aber keiner von diesen würde gewagt haben, den Jäger um den Schmuck zu bestehlen, so wie etwa in civilisirten Ländern Niemand die ausgezeichneten Insignien eines Ordens entwenden möchte, um sie selbst zu tragen. Solche Gegenstände eines ganz eingebildeten Werthes sind die einzige Art von Unterpfand, welche der Wilde zu überliefern pflegt, wenn es sich davon handelt, eine durch Versprechen übernommene Verpflichtung anzuerkennen. So verpfändet er, statt seines Ehrenwortes, die materiellen Zeichen seines Muthes, wie den Schädel eines erschlagenen Feindes, seinen Halsschmuck aus Thier – oder Menschenzähnen, oder den Stein, welchen er als Zierde in der Lippe zu tragen pflegt.*)

Vor der Bekanntschaft mit den Europäern waren vielleicht ein, mittelst steinerner Aexte und Feuers, mühsam ausgehöhlter Kahn, und das Pfeilgift, welches aus einer nicht überall wachsenden Pflanze bereitet wird, die werthvollsten Besitzthümer des brasilianischen Ureinwohners. Seitdem haben eiserne Geräthe und andere Producte der Civilisation die Besitzthümer und damit die Versuchung zum Diebstahl vermehrt; aber diese europäischen Gegenstände sind immer noch so selten, und ihr Besitz ist so auszeichnend, dass Entdeckung des Diebstahls und Reclamation des Ge-

gua schnitten dem Diebe die Haare ab, und er blieb Sclave des Betheiligten, bis er ihn bezahlt hatte. Ein solcher Leibeigener konnte verkauft oder verspielt werden, sich aber nur mit Willen des Caciken wieder frei kaufen. Zögerte er mit seiner Loskaufung, so starb er wohl auch im Menschenopfer. Gomara c. 206. S. 264.

(*) Vasconcellos, Chronica do Brasil. S. 84.

stohlenen fast immer unvermeidlich seyn würden. Hierin mag ein Grund der Seltenheit des Diebstahls unter Nachbarn liegen. Anders verhält es sich im Kriege, wo das Besitzthum des Besiegten als Beute fortgeführt, oder in der Wuth des Sieges vertilgt wird.

Für Privateigenthum, ohngefähr so, wie bei unsern Vorfahren des Mannes Heergeräth und des Weibes End und Gebänd, hält der Mann seine Waffen und seinen Schmuck, die Frau ihren Schmuck und, wenn sie solche besitzt, Kleidungsstücke, welche ihr übrigens auch nur Zierathen sind. Alles übrige: Hangmatten, Töpfergeschirre, Geräthe zur Mehlbereitung u. d. gl. ist Eigenthum der Familie (Bona avita). Wenn mehrere Familien in einer Hütte wohnen, dienen diese Gegenstände nur selten allen gemeinschaftlich, weil jede sie für sich besitzt und der andern nicht bedarf. Aus dem Bisherigen geht hervor, dass der Einzelne für die Erhaltung des Eigenthums die sicherste Gewährschaft in der Gleichheit Aller und in dem geringen Werthe desselben für die Uebrigen findet. Nur selten verwahrt der Indianer ein Eigenthum, das er in seiner Hütte nicht sicher hält, bei dem Häuptlinge. Diess geschieht vorzüglich mit gestohlenen Gegenständen, namentlich mit Eisengeräthe. Ich habe einen solchen Fall beobachtet, wo sich der Häuptling der *Miranhas* zur Aufbewahrung eines (wahrscheinlich gestohlenen) Beiles unter der Bedingung bereit erklärte, halbes Eigenthumsrecht darauf zu erhalten. Bei den *Coërunas* und *Coretús* pflegen die Häuptlinge allen Federschmuck der Tänzer ihrer Horde in ihrer Hütte aufzubewahren; doch wohl nur aus dem Grunde, weil in ihrem Hofe die Tänze am häufigsten vorgenommen werden. Von Bürgschaften und Pfändungen findet man hier keine Spur.

Wo einige Cultur wach geworden ist, werden gewisse Gegenstände zum Handelszwecke in Vorräthen angefertigt. So schnitzt der *Mauhé* Bogen aus rothem Holze, und bereitet die Guaranápaste, der *Mundrucú* macht Zierathen aus bunten Federn, die Weiber der *Miranhas* flechten jährlich eine beträchtliche Anzahl von Hangmatten aus Palmfasern, die weithin bis zu den Indianern von Surinam und Essequebo verhandelt werden. So treiben viele Stämme Hühnerzucht und bereiten Mehl für den Handel. Alle diese Gegenstände werden nicht verkauft, sondern nur gegen andere Waaren vertauscht. Bei keiner Völkerschaft Brasiliens kennt man etwas als allgemeinen Repräsentanten des dinglichen Werthes, geschweige denn Geld; wo sie Metall besitzen, verwenden sie es nur zu Schmuck. In Mexico vertraten bekanntlich schon zur Zeit der Azteken die Cacaobohnen die Stelle einer Münze*), so wie die Cauris in Ostindien und Africa. Am Amazonenstrome werden diese Bohnen von den Indianern, ebenso wie Salsaparille, Vanille, Nelkenzimmt u. s. w., für den Tauschhandel mit den Weissen eingesammelt; aber die Einheit dient nicht als Maass eines gewissen Werthes. Dieser vollständige Mangel aller Münze charakterisirt den Bildungsgrad der americanischen Ureinwohner. „Du kommst, sagt Montesquieu, zu einem dir unbekannten Volke; siehst du eine Münze, so magst du dich beruhigen: du bist in einem policirten Lande."

Wenn bei diesem Mangel an Begriffen für die Bestimmung eines absoluten dinglichen Werthes die mittelbare Erwerbung von Eigenthum vorzugsweise nur in der Form des Tausches vorkommen kann, und weder Kauf noch ähnliche Erwerbtitel bekannt sind, so kommt auch Schenkung nur äusserst selten vor; denn der Indianer ist von Natur nicht freigebig. Seine Schenkungen erstrecken sich nur auf untergeordnete Gegenstände. Bei Tauschverkehr finden Versprechen und Contracte statt. Die Weigerung, eingegangene Verbindlichkeiten zu erfüllen, gibt oft Anlass zur Klage vor dem Häuptling. Bei den *Coroados* und *Camacans* bin ich Zeuge gewesen, dass Weiber sich an diesen wendeten, um den versprochenen Antheil an der Maiserndte und an der Fischerei zu erhalten. Bei den *Miranhas* musste der Häuptling den Streit zwischen zwei Familien schlichten, deren eine Antheil an dem von mir geschenkten Eisengeräthe für an die andere gelieferte Hangmatten in Anspruch nahm. Das Hin- und Herreden der Partheien bei diesem Anlasse dauerte lange, und schien

(*) Humboldt, Essai polit. sur la nouv. Espagne II. p. 436. Eben so auch in Nicaragua (Gomara c. 207. p. 264. b.), und in Guatemala (ebends. c. 209. S. 268.)

die Urtheilskraft des Richters sehr anzustrengen; doch kam es zu einem Ausspruche, bei welchem man sich beruhigte.

Es ist bereits erwähnt worden, dass mittelbare Erwerbung des liegenden Eigenthums von Todes wegen (durch Testament oder Erbverträge) hier nicht vorkomme. Dasselbe gilt auch vom beweglichen Eigenthum; denn überhaupt kennt ja der brasilianische Wilde Testiren und Legiren nicht. Alles, was der Hausvater hinterlässt, geht zu gleichen Theilen und Nutzungsrechten auf die Familie über. Wenn seine Waffen und sein Schmuck nicht auf das Grab gelegt, oder mit der Leiche begraben werden, so fallen sie den Söhnen zu. *) Trennen sich die Söhne, indem jeder einen eigenen Hausstand bildet, so bleibt Derjenige Besitzer der väterlichen Hütte, welcher zuerst ein Weib nimmt. Ausserdem aber habe ich von Vorrechten der Erstgeburt, wenigstens in Beziehung auf Besitzthümer, keine Spur unter den brasilianischen Wilden gefunden. **) Rechte auf fremdes Gut treten in dem rohen Lebenskreise dieser Menschen niemals deutlich hervor. Höchstens erscheinen sie etwa unter der Form der Zurückbehaltung eines Gegenstandes, wenn sich ein Individuum von einem andern übervortheilt glaubt. Uebrigens habe ich eben so wenig die Spuren von Vertragsverhältnissen bemerkt, welche sich den unsrigen, in ihren verschiedenen Formen (Zurückbehaltungsrecht, Unterpfand-, Vorkaufs-, Näher- und Wiederkaufsrecht, Niessbrauch, Servituten,

(*) Bei den nordamericanischen Wilden vererbt nichts von dem speciellen Eigenthum des Gatten auf dessen Wittwe. Die Geschenke, welche er erhalten, seine Kleider, Hüte, sein Schmuck wird vertheilt, ja fast geplündert; nichts geht auf seine Kinder. Volney, Oeuvres. Paris 1821. VII. p. 409.

(**) Die alten Incas vererbten Krone und Kroneigenthum nach dem Gesetze der Primogenitur, aber bei den Caciken und Unterthanen galten mehrere verschiedene Rechtsgewohnheiten über Erbfolge in verschiedenen Provinzen. Garcilaso L. VI. c. 8. Nicht die Söhne, sondern die Brüder und Neffen erbten in Cuzco und in Esmaraldas, nach Gomara c. 124. p. 161. c. 72. p. 93. b. — Die beweglichen Güter der Caciken auf St. Domingo wurden unter Diejenigen vertheilt, welche herbeikamen, die zwanzigtägigen Begräbnissfeierlichkeiten für sie zu halten. Oviedo Lib. V. c. 3. p. 48. b.

u. s. w.) vergleichen liessen. Der Verkehr ist zu beschränkt, und der Sinn dieser Menschen zu einfach und blöde, um solche Verhältnisse ins Leben zu rufen, geschweige sie bis zur Rechtsgewohnheit zu entwickeln. Da jeder mit den wenigen nothwendigen Habseligkeiten versehen ist, kommt selbst das Leihen von gewissen Gegenständen zum Gebrauche nur selten vor. Die Bewohner ein und derselben Hütte stehen sich in dieser Beziehung näher, als die Nachbarn. Hierher gehört auch der, bereits erwähnte, gemeinschaftliche Gebrauch eines Sclaven. Die beiden ältesten Arten des Vertrags sind übrigens auch diesen Naturkindern nicht fremd: D a r l e h e n werden namentlich von Lebensmitteln gemacht, und ihre Kostbarkeiten werden bisweilen in d e p o s i t u m gegeben.

Sobald brasilianische Wilde mit einander handeln wollen, legen sie ihre Waffen gemeinschaftlich ab, und zwar neben einander; und ist der Handel geschlossen, was gewisse von beiden Seiten öfters wiederholte Worte andeuten, so greifen auch beide Theile wie in einem Tempo wieder zu den Waffen. Offenbar ist dieser Gebrauch ein R e c h t s s y m b o l. Vielleicht ist er das Versprechen gegenseitiger Freundschaft und ruhiger Erwägung während des Handels. Bei dem tactmässigen Wiederaufnehmen der Waffen aber schienen mir die Züge der Contrahenten einen wild gravitätischen Ausdruck anzunehmen, gleichsam als wollten sie sagen, sie würden sich die Erfüllung des Vertrags nun auch durch Waffengewalt zu verschaffen wissen. — Es ist diess nicht die einzige symbolische Handlung, welche ich unter den Indianern beobachtet habe, und vielleicht begleiten ähnliche bildliche Darstellungen oder Wahrzeichen alle verschiedenen Geschäfte, denen ein Rechtsverhältniss zu Grunde liegt, wenn anders Symbole überhaupt die Rechtssprache der rohen Menschheit sind. Es würde aber ein langer Aufenthalt, Kenntniss der Sprache und eine sehr scharfe Beobachtung nöthig seyn, um diese tief liegenden und halbverwischten Spuren aufzufinden und zu enträthseln. So mögen denn nur die wenigen rechtssymbolischen Handlungen hier eine Stelle finden, die ich auch ohne jene günstigen Vorbedingungen wahrzunehmen im Stande war.

Der Indianer kennt den Schwur nicht*); doch bekräftigt er seine
Aussagen durch eine sinnliche Handlung. Entweder fährt er mit der
Hand in die Haupthaare, oder er hält sie über dem Kopfe. Die Haare
sind diesem rohen Naturmenschen ein vorzüglich bedeutsamer Körpertheil.
Während er sie im Antlitze und am übrigen Leibe ausreisst, pflegt er sie
auf dem Haupte, und künstelt an ihnen durch Binden, Flechten, Lösen
oder durch den Schnitt. Die *Tupinambazes* und andere verwandte Stämme lassen die Haare in der Trauer lang wachsen, während sie sich zugleich das Antlitz schwarz färben. Viele andere Stämme scheeren sie bei
Traueranlass, wie die alten Griechen und Römer**), vollkommen oder
theilweise ab, was andere auch ihren Kriegsgefangenen oder Sclaven zu
thun pflegen. Im Allgemeinen gilt dem brasilianischen Wilden ein starker
Wuchs des Haupthaares als Zierde, und die, äusserst seltene, Kahlköpfig-
keit wird als schändlich verlacht. Das Haupthaar steht also bei diesen
Völkern in derselben Achtung, wie der Bart bei unsern Vorfahren, welche durch dessen Berührung oder Abscheerung gewisse Rechtshandlungen
symbolisirten. Wenn der Indianer zur Betheuerung die Hand über das
Haupt erhebt, wie wir die Finger zum Eide ausstrecken, so liegt diesem
Symbole vielleicht die ahnungsvolle Scheu vor jenem unbekannten Wesen
zum Grunde, das in Donner und Blitz über seinem Haupte weilt. Der
tiefen Indolenz dieser Menschenrace ungeachtet, konnte ich doch immer
eine scheue Befangenheit an meinen indianischen Begleitern während eines Donnerwetters beobachten. ***) Als Betheuerung berührt der Indianer

(*) Bei den alten Peruanern ward der Zeuge vom Richter gefragt: „Versprichst du
   dem Jaca die Wahrheit zu sagen?" Die Bejahung galt als heiliger Schwur, Garcilaso L. I. c. 3. p. 36.

(**) Vergl. Saubert de sacrificiis veterum p. 227. ff. — Die grönländische Dirne, welche
   gefreit wird, aber die Heurath nicht eingehen will, schneidet ihr Haar ab, um
   Trauer und Widerwillen anzuzeigen. Cranz, Historie v. Grönl. I. p. 209.

(***) Die alten Peruaner hielten Wetterleuchten, Donner und Blitzstrahl (Illapa) für
   Diener der Sonne, und einen Ort, in welchen es eingeschlagen hatte, für gleichsam gebannt und unheimlich. Sie vermauerten solche Gemächer. Garcilaso. L. II.
   c. 1. p. 33 c. 23. p. 68.

manchmal auch die Spitze seiner Waffen, wie diess die Kalmücken zu thun pflegen*), oder sein Halsgeschmeide aus Thier- oder Menschenzähnen.

Handschlag und Handgelübde kennt der Indianer nicht. Als Gruss haben sie den ersteren, so wie das freundschaftliche Anrufungswort Camarada, von den Portugiesen angenommen. Doch bemerkte ich bisweilen, dass sie, als Zeichen eines allgemeinen Beschlusses, gleichsam um Freude oder Zufriedenheit auszudrücken, die Hände mit ausgespreiteten Fingern zusammenschlugen. Auch der Kuss, dieser hohe Erguss reinmenschlichen Gefühles, ist ihnen gänzlich fremd. Als Zeichen freundschaftlicher Begrüssung und Gastfreundschaft ist mir selbst widerfahren*), was ich auch bei Andern beobachtete, dass der Eigenthümer der Hütte sein Antlitz auf dem der Eintretenden herumrieb. Die *Botocudos* sollen zum Willkommen einander am Handgelenke beriechen.***)

Ein bei allen brasilianischen Wilden vorkommendes Symbol ist, dass der Herr einer Hütte, und, wenn sie von mehreren bewohnt wird, diese alle, den Fremden in der Hangmatte liegend empfangen. Sobald sie Jemanden auf ihre Hütte zukommen sehen, eilen sie, sich niederzulegen; und oft geschieht diess auch von der gesammten übrigen Familie, so dass der Eintretende allein aufrecht steht, bis ihm Platz am Feuer, oder in einer besondern Hangmatte angeboten worden, welche man der des Gastfreundes gegenüber aufhängt. Ohne Zweifel will der Indianer hier sein unbestrittenes Haus- und Schutzrecht beurkunden. Diese Rechtsgewohnheit scheint einen gemischten Grund zu haben: theils die Furcht, dass man ihm ein Eigenthumsrecht abstreiten möge, theils das Wohlwollen, womit er dem eintretenden Fremden allen Schutz der Hütte zusichert, über welche er gebietet. Ist der Fremde, gewöhnlich durch ein stilles Zeichen, eingeladen worden, am Mahle Theil zu nehmen und hat ihm der Haus-

(*) Pallas, Reise durch verschiedene Provinzen des russischen Reiches. 1776. I. S. 266.
(**) Spix und Martius Reise, III. S. 1216.
(***) Sellow, bei Max. Prinz von Wied, Reise nach Brasilien. I. S. 332.

vater wohl gar seine brennende Cigarre überreicht, so ist die Gastfreundschaft förmlich gewährt, und sie wird niemals gebrochen. Wird aber der Eintretende nicht auf diese Weise empfangen, so mag er sich auf das Schlimmste gefasst machen. Bothschafter eines fremden Stammes gefährden oft Verletzung ihres Gastrechtes, wenn sie unangenehme Nachrichten bringen.

Die Mehrzahl der mir bekannt gewordenen Rechtssymbole scheint dem Völkerrechte dieser rohen Menschen anzugehören. Sie können zum Theile mit ähnlichen des Alterthums verglichen werden. Dahin gehört die, auch bei den Floridanern und Caraiben herrschende, Sitte, den Krieg anzukündigen, indem man Pfeile oder Wurfspiesse auf das fremde Gebiet wirft, oder an den Grenzen in die Erde steckt. Der Anführer der *Juris* versicherte mich, dass ich auf der Reise von seinem Dorfe zu den *Miranhas*, in Begleitung seiner Leute, nichts Feindliches zu befahren haben würde, weil jene Nachbarn den an der Grenze aufgesteckten Speer wieder weggenommen hätten. Hier wiederholt sich der uralte Gebrauch des angebrannten blutigen Speers, den die Römer als Kriegserklärung auf feindliches Gebiet warfen*). Freilich ist eine solche offene Kriegserklärung nicht häufig unter den Wilden, deren feiger und hinterlistiger Charakter vorzieht, die unvorbereiteten Feinde zu überfallen. — Die Krieger der *Mundrucùs* verpflichten sich zu dem Kriegszuge durch eine Kerbe, welche sie in ein, von dem Oberbefehlshaber von Hütte zu Hütte gesendetes Kerbholz schneiden. Keiner, der sich dadurch, als zum Feldzuge bereit, erklärt hat, wird diesem symbolischen Versprechen untreu werden. Vielleicht hat die Umhersendung eines solchen Kerbholzes, das an den durchs Land geschickten Aufrufspeer der Scandinavier und Hochschotten erinnert **), nur zum Zwecke, dass der Häuptling die ganze Zahl seiner Mannschaft erfahre. Es ist diess der Span (la buchette) ***), welcher bei den Irokesen umhergeschickt, und von den Kriegern als Zeichen des an-

---

(*) Livius I. c. 32. Virgil. Aen. IX. V. 52. 53.

(**) Jac. Grimm, deutsche Rechtsalterthümer. S. 164. Vergl. auch S. 174.

(***) Lafitau, Moeurs des Americains II. p. 185.

genommenen Aufgebotes mit Federn, bunten Schnüren u. d. gl. verziert
wird. — Das Calümet*), eine grosse, mit Federn und Haaren verzierte,
steinerne, angezündete Tabakspfeife, welche die nordamericanischen Wilden als Zeichen des Friedens oder Krieges anbieten, und bei ihren Versammlungen von Mund zu Mund gehen lassen, erscheint, wenngleich
minder ausgebildet, auch bei den Urbrasilianern. Sie rauchen bei ihren
Versammlungen aus einer grossen Cigarre, die herumgegeben wird, und
ein Symbol des Friedens und Vertrauens ist. Die angebotene Pfeife nicht
annehmen, wird nicht blos als Beleidigung, sondern als offene Erklärung
feindlicher Gesinnung betrachtet. Dem fremden Ankömmlinge wird sie bisweilen durch den Pajé dargebracht, der mittelst gewisser Gaukeleien, vorzüglich Anräuchern und auf die Seite Spucken, entweder einen Bann
zur Vertheidigung der Fremden oder eine Reinigung desselben vorzu-
nehmen scheint.

Wenn eine ganze Gemeinschaft einer andern Friede und Freundschaft
anbieten will, so kommt eine Gesandtschaft, festlich geschmückt, mit besonders zierlichen Waffen, welche, nach allerlei Tänzen und langen Reden,
dem Häuptlinge in die Hand gegeben werden. Die *Cajapós, Guaycurús,*

(*) Lafitau, a. a. O. 314. seq. — Von zwei andern symbolischen Geräthschaften der
Nordamericaner, dem Wampum und dem Tomahawk, habe ich in Brasilien keine
Spur gefunden. Der Wampum ist ein aus kleinen Seemuscheln zusammengesetztes
Band oder ein Gürtel, welcher, wie die Quippos der alten Peruaner, durch verschiedene
Zeichnung und Färbung verschiedene historische und völkerrechtliche Acte bezeichnet, bei Transactionen von einem Stamme dem andern mitgetheilt wird, und bei der Abschliessung eines Vertrags von beiden Contrahenten berührt wird. (Long, Voyages
and Travels p. 46.) Den Quippos der Peruaner (Nudos der Spanier, Gedenkknoten-
stricken aus bunten Federn, Steinehen und Maiskörnern, Acosta L. VI. c. 8. pag.
410.) ähnliche Stränge sollen übrigens bei den Uerequenas am obern Rio Negro
üblich seyn. (Martius, Reise III. 1302.) — Der Tomahawk oder das Kriegsbeil wird
beim Beschlusse eines Kriegs erhoben, und im Tanze umhergetragen. Er enthält
bisweilen frühere Kriegsvorfälle in sinnbildlichen Figuren eingeschnitten, und ist
vielmehr einer Fahne, als der Kriegskeule (Tamarana der Brasilianer, dem Butu der
Caraiben) zu vergleichen, auf welcher übrigens allerlei Zeichen eingegraben werden,
ob mit symbolischer Bedeutung, ist mir unbekannt.

Mundrucûs und viele andere Stämme, mit welchen sich die portugiesische Regierung in förmliche Friedensunterhandlungen eingelassen hat, pflegten die Anerkennung der Oberbothmässigkeit „des grossen Häuptlings" (*Rea* oder *Tupixava açû)* durch Uebergabe schön geschnitzter Bögen und Pfeile anzudeuten.

Ein Symbol, das man bei den meisten rohen Völkern findet, ist das Sichniederwerfen der Gefangenen, indem sie den Fuss ihres neuen Herrn auf ihr Haupt setzen. Weiber und Kinder der *Juris* habe ich auf diese Weise selbst der Frau des besiegenden Häuptlings ihre Unterwerfung anzeigen sehen. — Von der symbolischen Verwahrung des Eigenthumsrechtes durch Umgebung mit einem Baumwollenfaden ward schon oben gesprochen. — Unter vielen Völkerschaften ist ein Namenwechsel der Individuen bei manchen Anlässen im Schwange; ich weiss jedoch nicht, ob hier irgend ein Rechtssymbol zu Grunde liegt. Von den alten *Tupinambazes* wird berichtet*), dass der Krieger nach Erschlagung eines Feindes sich von dieser Heldenthat einen Namen selbst ertheilte**), indem er zugleich sich mit einem scharfen Zahne eine tiefe Ritze in die Haut machte, die mit Farbe ausgefüllt wurde. Ganz Aehnliches finden wir in Nordamerica bei der Aufnahme eines Chippeway in die Reihen der Krieger.***)

Höchst seltsam sind die mancherlei Gebräuche, unter welchen die Emancipation der Jünglinge vorgenommen wird. Vielleicht liegen ihnen ebenfalls ursprünglich gewisse Rechtssymbole zum Grunde. Hauptsächlich soll der Jüngling Muth, Unerschrockenheit, Standhaftigkeit in Ertragung von körperlichen Schmerzen und Nationalhass gegen die Feinde des Stammes erproben.†) Bei den *Passés* wird der Sohn des Häupt-

---

(*) Noticia do Brazil. S. 298.

(**) Gleiches gilt von den Caraiben. Rochefort. II. S. 614. Bei den Indianern von Darien erhielt er den Namen Cavra, welches Wort desshalb mit der Benennung der Cavres oder Caveres, einem Volksstamme der Gujana zu vergleichen wäre. Bedeutet es vielleicht Sieger?

(***) J. Long, Voyages and travels. S. 45. ff.

(†) S. Spix und Martius, Reise. III. S. 1320., von den Mauhés.

lings von diesem als waffenfähig erklärt, nachdem man ihm mit einem
scharfen Zahne, oder mit dem Schnabel eines Sperbers eine lange Haut-
wunde auf der Brust beigebracht hat. Diese Ceremonie erinnert an die
Weise, in welcher der Sohn des caraibischen Häuptlings seine Sporen ver-
dient. Der Vater zerschmettert nämlich auf dem Kopfe des Sohnes den
Schädel eines Raubvogels und gibt jenem das Herz des zerrissenen und zer-
malmten Thieres zu essen. *)

Der Kreis von Geschäften, in welchen der Urbewohner Brasiliens seine persönlichen Rechte gegen Andere, die nicht zur Familie gehören, geltend machen könnte, ist sehr beschränkt. Als hierher gehörig sind vorzüglich die rohesten Spuren eines Jagdrechtes anzuführen. Gewöhnlich
geht jeder Jäger einzeln für sich auf die Jagd. Das von ihm erlegte Wild
wird nicht als sein, sondern als der Familie Eigenthum betrachtet. Demgemäss hält sich auch der Jäger nur ausnahmsweise verpflichtet, die Beute
selbst nach Hause zu bringen; er verbirgt daher das Wildpret im Walde,
und überlässt es der Frau, den Alten und den noch nicht mannbaren Kindern, es von der bezeichneten Stelle nach Hause zu holen. Treffen mehrere Jäger zusammen, wenn eben ein Wild erlegt worden, so hat nur
der Erlegende Anspruch darauf; doch erhält oft ein Anderer Theil an der
Beute, unter der Verpflichtung, sie nach Hause zu schaffen. Der Jäger
darf sich keiner fremden Waffen bedienen; besonders behaupten diejenigen
Wilden, die mit dem Blasrohr schiessen, dass dieses Geschoss durch den Gebrauch eines Fremden verdorben werde, und geben es nicht aus ihren Hän-
den. Nicht selten verstopft Einer dem Andern das Blasrohr, um ihn im
Erlegen von Wild zu hindern, das somit ihm selbst zu Gute kommen
könnte. Gemeinschaftliche Jagden werden gegen gefährliche Raubthiere,
wie die Onze, oder in der Absicht angestellt, Vorräthe einzusammeln. Man
pflegt vorzugsweise Affen in grösserer Menge zu erlegen, abzuziehen, aus-
zuweiden und am Feuer zu trocknen. Die Theilung geschieht bei der
Heimkehr von solchen, oft mehrere Wochen lang dauernden, Expeditionen
gleichheitlich. Demjenigen, der das Pfeilgift liefert, kommt dafür eine be-

(*) Du Tertre a. a. O. II. S. 377.

sondere. Vergütung zu. Wenn Schlingen gelegt werden, wird der Diebstahl des darin gefangenen Wildes als ein besonderes Verbrechen angesehen, und darüber vor dem Häuptlinge Klage geführt. Dieser übt übrigens für sich keinen Wildbann aus, und allgemeine Jagden in dem Reviere werden von der ganzen Gemeinschaft an verabredeten Tagen angestellt. Dass diess innerhalb der vertragsweise zwischen einzelnen Horden bestimmten Grenzen geschehe, ist bereits erwähnt worden. Unter den *Botocudos* werden Eingriffe in diese Jagdgerechtigkeiten durch einen Zweikampf mit grossen Prügeln ausgeglichen, an welchen mehrere Glieder von jeder Parthei Theil nehmen*). — Die Fischereien werden häufig gemeinschaftlich angestellt, und man versteht sich über die Vertheilung der Beute um so eher, als diese meistens sehr gross ist. War man so glücklich, einen Lamantin, Delphin oder ein grosses Krokodil zu erlegen, so nehmen meistens alle Familien der Hütte, ja des ganzen Dorfes, Theil an der Beute, welche ohnehin von einer Familie nicht so schnell verzehrt werden könnte, als sie verderben würde.

Gehen wir von diesen, nur wenig entwickelten persönlichen Rechten noch weiter zurück, bis auf die gemeinschaftliche Quelle, woraus dieselben, und überhaupt alle rechtlichen Verhältnisse der Einzelnen, wie der Familien und der Gemeinschaften, ursprünglich hervorkommen, — so finden wir, wenn auch nicht, wie bei civilisirten Völkern, eine Ehe, doch eine regelmässige Verbindung beider Geschlechter; wir finden Rechte und Pflichten der Gatten, der väterlichen Gewalt und verschiedener Verwandtschaftsgrade. Es ist ein Vorrecht der menschlichen Natur, die Grundlage aller Gesellschaft auf dem Gebiete des Gefühls und der Liebe zu erbauen; und so unentwickelt auch alle geselligen Verhältnisse bei diesen, theilweise fast thierisch rohen, Indianern seyn mögen, haben sie doch auch einen erhabenen, auf Neigung und Wahl gegründeten Ursprung.

Wir können jedoch diese Verbindung weder als ein religiöses, noch als ein bürgerliches Bündniss ansehen. Sie wird ohne irgend eine reli-

(*) Maximilian Prinz von Neuwied, Reise II. p. 42.

7*

giöse Weihe geschlossen; das geistige oder gemüthliche Bedürfniss ist
dem leiblichen vollkommen untergeordnet, und die Wahl geht nur einsei-
tig immer vom Manne aus*). Eben so wenig kann sie auch, bei der
Bildungsstufe dieser Menschen überhaupt, als ein bürgerlicher Vertrag betrachtet werden; und die durch sie den Gatten gegenseitig gegebenen und
erworbenen Rechte können nur von diesen selbst gewahrt, oder wieder
aufgegeben werden. Bei allen Schicksalen dieser häuslichen Verbindung
bleibt die Gemeinde gleichgültig und unbetheiligt. Horde oder Stamm hört
keine Klage der Gatten an, gibt keinem der beiden Theile Gewährschaften
für die Dauer ihrer Verbindung, und sichert keine Rechte. Es ist in dieser Beziehung ganz gleichgültig, wie und bis zu welchem Grade die Rechte
und Pflichten des einen Theiles gekränkt, oder vernachlässigt worden seyn
mögen: die Gemeinde nimmt niemals hiervon Kenntniss, und wenn es zu
Streit und zu einer richterlichen Entscheidung kommt, geschieht diess nur,
sofern sich Verwandte und Freunde für oder gegen einen Gatten erklären und den Streit zu dem ihrigen machen. Da sich also diese, der Ehe
analoge Verbindung, als solche, dem richterlichen Ansehen und Ausspruche
des Häuptlings und der Gemeinschaft vollständig entzieht, erscheint sie in einer
unbedingten, innerlichen Autokratie. Den Charakter dieser letztern aber
begründet das natürliche Uebergewicht des Mannes, welcher die Schicksale des Weibes vollständig bestimmt und beherrscht. Dieses wird gewählt, von den eigenen Aeltern ohne Selbstständigkeit, Bedingung und Gewährschaften vergeben, von dem Manne aber ohne Vertrag übernommen.
Somit wird factisch das Weib die unterworfene Dienerin, die Sclavin des
Mannes, eine Erniedrigung, die dem übrigen rohen Zustande der Urbra-
silianer entspricht. Gezwungen müssen die Weiber allen Geschäften des
Ackerbaues und Haushaltes vorstehen, willenlos sich jeder Laune und
Willkühr des Mannes fügen.

(*) Dass den Mädchen oder Frauen das Recht zustehe, sich einen Mann zu wählen,
kommt zwar in America, jedoch nur äusserst selten vor. Von den unter keines
Caciken Herrschaft stehenden Ortschaften (Pueblos de Behetria) in Nicaragua berichtet Gomara (p. 263. b.), dass die Mädchen sich aus den, bei Festmahlen vereinigten,
Junggesellen ihre Männer auswählten.

Monogamie ist bei weitem vorherrschend. Sie scheint in dem trägen Temperamente der Männer begründet. Die Abkömmlinge der alten *Gojatacazes*, die *Guaycurûs*, *Mundrucûs* und überhaupt die meisten Indianer nehmen nur Eine Frau, mit der Befugniss, sie wieder zu entlassen, und eine andere dafür aufzunehmen; was jedoch bei den letztern nur selten geschieht *). Bei den kräftigen und äusserst rohen *Botocudos* nimmt ein Mann gewöhnlich mehrere Weiber, so viel er deren ernähren kann. Ihre Zahl soll bisweilen bis auf zwölf anwachsen **). Auch viele andere Stämme, vorzüglich im nördlichen Theile des Landes, wo eine heissere Sonne das Temperament mehr zu entwickeln scheint, leben, nach Laune und Bedürfniss, in einer ungeregelten Polygamie. Gewöhnlich sind es die mächtigeren Männer, insbesondere die Häuptlinge, welche zugleich mehrere Weiber heurathen ***).

Das Ansehen und die Rechte dieser Weiber scheinen sich nicht gleich zu seyn. Die Reglung häuslicher Geschäfte steht nicht oft der jüngeren und desshalb beliebteren, sondern gewöhnlich der ersten und ältesten unter den Frauen zu. Bei den *Juris*, *Passés*, *Uainumás*, *Miranhas* und vielen andern gilt diejenige Frau, mit welcher sich der Mann zuerst verband, als Oberfrau †). Ihre Hangmatte hängt der des Mannes

(*) Prado a. a. O. p. 21.

(**) Prinz Maximil. von Neuwied, Reise II. p. 38.

(***) Auch bei den Caraiben herrscht ungeregelte Polygamie. Ein Caraiben-Häuptling auf St. Domingo hatte dreissig Frauen. Oviedo L. V. c. 3., Charlevoix, Histoire de l'isle Espagnole I. p. 159. — Ein Cacike in Esmaraldas hatte vierhundert Weiber. Gomara c. 72. p. 93.

(†) Bei den alten Peruanern hatte ebenso nur eine Bettgenossin die Würde und Rechte der wahren Frau; die übrigen waren Concubinen. Jene ward als ächte Ehefrau erklärt, indem der Bräutigam ihr die Otoja, eine Art Pantoffel, anlegte, welcher, wenn die Braut Jungfrau war, aus Wolle, ausserdem aus Stroh geflochten war. Acosta Lib. VI. c. 18. p. 428. Der Inca selbst hatte eine legitime Frau (Coya), Nebenfrauen aus dem Geblüte der Incas (Pallas), und endlich solche aus andern Familien (Mamacunas). Nur die Abkömmlinge aus den beiden ersten Frauen waren legitim und thronfähig. Garcilaso Lib. IV. c. 9. — In Darien hatten die Männer Ober- und Unterfrauen, die Söhne der ersteren waren erbfähig für das Cacicat, und die

am nächsten. Die Macht, der Einfluss auf die Gemeinde, der Ehrgeiz und das Temperament des Mannes sind die Gründe, nach welchen später noch mehrere Unterfrauen, oder Kebsweiber, bis zur Zahl von fünf oder sechs, selten mehr, aufgenommen werden. Mehrere Weiber zu besitzen, wird als Gegenstand des Luxus und der Eitelkeit betrachtet. Jede von diesen erhält ihre eigene Hangmatte, und gewöhnlich auch einen besonderen Feuerheerd, vorzüglich sobald sie Kinder hat *). Die älteste oder Oberfrau übt, häufiger Eifersucht und Streitigkeiten ungeachtet, ihren Einfluss in häuslichen Angelegenheiten oft sogar bis zu dem Grade, dass sie selbst, bei Abnahme ihrer körperlichen Reize, dem Gemahle jüngere Weiber zuführt. Alles dieses wird uns auch von den alten *Tupinambazes* berichtet **). Für die Erziehung der aus einem anderen Bette entsprungenen Nachkommenschaft pflegt diese Oberfrau nicht zu sorgen. Der Mann bleibt meistens bis in spätere Jahre von allen Frauen gefürchtet, und verschafft sich oft durch die äusserste Strenge gegen die weiblichen Intriguen einen, wenigstens scheinbaren, Friedensstand. Immer ist er Richter über alle Streitigkeiten seines Harems. — Diese Verbindungen werden in den meisten Fällen zwischen Gliedern desselben Stammes geschlossen; doch bemerkt man bei einigen kleineren Völkern am Amazonas und Rio Negro

Oberfrau befahl den übrigen. Herrera Dec. II. L. 3. c. 5. p. 84. — Auch unter den polygamischen Caraiben galt eine Frau als Oberfrau Oviedo L. V. c. 3. p. 49. a. — Eben so in Nicaragua. Die Oberfrau ward daselbst unter einer Ceremonie genommen. Der Priester nahm die Brautleute bei den kleinen Fingern, (eben so fasst der hindostanische Bräutigam die Braut am kleinen Finger: Sonnerat. L p. 81.), und sperrte sie unter gewissen Anreden in ein Zimmerchen. Wenn das dort angezündete Feuer erlöschte, war das Paar verheurathet. Gomara c. 206. p. 263. b. Wer neben der ersten eine zweite Oberfrau nahm, ward verwiesen, und sein Gut der ersten gegeben. (Ebendas). Bei den alten Cumanesen umtanzten singend Weiber die Braut, Männer den Bräutigam; beiden ward sodann das Haupthaar vorne abgeschnitten, und wenn man dem Paare sich die Hand reichen liess, war das Bündniss geschlossen, wodurch die Oberfrau dem Gatten verbunden war. Bei den Unterfrauen fand keine solche Feierlichkeit statt. Gomara c. 79. p. 102. b.

(*) Bei den Caraiben auf den Antillen erhielt jede Frau eine eigene Hütte für sich. Rochefort a. a. O. I. S. 593. Diess ist bei den brasilianischen Wilden nicht der Fall.
(**) Noticia. c. 152. p. 277.

eine vorherrschende Neigung, sich Frauen aus andern, vorzüglich schwächern, Stämmen, oft aus weiter Entfernung, zuzulegen. Diess geschieht namentlich in der Absicht, seinen Hausstand und sein Ansehen durch Verwandte der Frau, welche dieser nicht ungern folgen, zu vermehren. Dass weibliche Kriegsgefangene zu Kebsweibern angenommen werden, ist bereits erwähnt worden.

Bei den *Guaycurùs* und mehreren anderen Völkerschaften finden wir die seltsame Erscheinung, dass die Sprache der Weiber von der der Männer gänzlich, oder doch in einzelnen Worten verschieden ist*). Dieses sonderbare Verhältniss ist bekanntlich zuerst bei den Caraiben bemerkt worden und hat auf den Antillen, wo sie wohnten, die Sage verbreitet, dass sie, bei der Ankunft vom festen Lande her, die männlichen Ureinwohner vertilgt, mit deren Weibern aber sich fortgepflanzt hätten. Desshalb sollen dort die Weiber ihre Männer nie beim Namen nennen und nie mit ihnen zu Tische sitzen**). In jedem Falle dürfte jene Sprachverschiedenheit der Geschlechter auch bei den brasilianischen Völkerschaften von einem gemischtem Ursprunge abzuleiten seyn. — Weiberraub kommt nicht selten vor. Der Anführer der *Miranhas*, bei welchem ich wohnte, hatte seine Frau einem benachbarten Stamme geraubt. So sollen die *Mundrucùs* den *Parentintins* Mädchen und Weiber entführt, und dadurch Grund zu dem tödtlichen Hasse zwischen beiden Völkern gelegt haben; und die *Tecunas* rauben die, wegen ihrer schlanken Ebenmässigkeit berühmten, Schönen der *Marauhás*.

Ausser dieser gewaltthätigen Weise erwirbt sich der brasilianische Wilde seine Frau mit der ausdrücklichen Einwilligung ihres Vaters auf doppelte Art: durch Arbeit im Hause des Schwiegervaters; diess findet vorzüglich bei den grösseren, in ihren Wohnorten beständigen, Völkern und

(*) Prado a. a. O. p. 28.
(**) Rochefort, Histoire morale des Antilles, Tom. II. p. 143. ff. —Lafitau, Moeurs des Americains I. p. 55. — Labat, Voyage aux Isles de l'Amerique II. p. 95. — Vater, Mithridates III. Abth. II. p. 677.

Stämmen statt; oder durch Kauf. Der Jüngling widmet sich, wie einst Jacob bei Laban, oft mehrere Jahre hindurch allen Diensten und Verrichtungen im Hause des präsumtiven Schwiegervaters mit unverdrossener Emsigkeit. Er geht für ihn auf die Jagd und zum Fischfang, er hilft ihm die Hütte bauen, den Wald reinigen, Holz tragen, Kähne zimmern, Waffen machen, Netze stricken u. d. gl. Er wohnt zwar bei seinen Verwandten, weilt aber den ganzen Tag im Hause der gewünschten Braut.*) Oft treffen hier mehrere Bewerber zusammen. Bei den kleinen Völkern am Amazonenstrome geniesst er schon während dieser Zeit das sogenannte Busenrecht, wie diess unter vielen sibirischen Völkern der Fall ist**); bei andern herrschen hierüber strengere Grundsätze, und der Vater würde jeden Versuch auf die Blüthe der Tochter mit dem Tode strafen***). Ist der Liebhaber endlich so glücklich, die Einstimmung des Vaters zu erhalten, so nimmt er anfänglich einen Platz und eine Feuerstelle in der Hütte der Schwiegerältern ein, oder er bezieht sogleich eine eigene für sich, getrennt von den Aeltern. Bei den *Guaycurûs* bleibt der Schwiegersohn für immer im Hause der Aeltern; aber diese vermeiden von nun an mit ihm zu sprechen †). Bisweilen verdingt sich der Brautbewerber an

---

(*) Die Indianer von Quito haben dieselben Gewohnheiten. Sie nennen das Zusammenleben der Unverheuratheten die Zusammengewöhnung: El Amannarse. Ulloa, Relac. hist. Parte 1. Tomo 2. p. 555.

(**) Pallas, Reisen I. p. 305. (bei den Kalmücken); Lepechins Reisen I. p. 111. (bei den Tataren), II. p. 92. ff. (bei den Baschkiren).

(***) Bei manchen Wilden in Nordamerica dient, nach Charlevoix, der Bräutigam, im Vollgenusse aller Rechte des Gatten, so lange im schwiegerväterlichen Hause bis eine Frucht dieser Verbindung geboren worden; dann trennt er sich und baut eine eigene Hütte.

(†) Prado, a. a. O. p. 21. Diese seltsame Sitte, welche zwischen Schwiegerältern und Schwiegersohn fürs ganze Leben eine Scheidewand zieht, herrschte auch bei den Caraiben der Antillen. Wenn sich beide Partheien nothgedrungen sprechen mussten, wendeten sie das Gesicht ab, um sich wenigstens nicht zu sehen. Du Tertre, Histoire générale des Antilles. II. p. 378. — Bei den Grönländern bleibt das neuverehelichte Paar bei den Aeltern des Mannes und des letztern Mutter führt, so lange sie lebt, die Wirthschaft. Cranz I. 215.

die Familie einer fremden Horde, ja sogar eines fremden Stammes. Nach vollzogener Heurath bleibt er meistens unter demselben zurück: eine der Ursachen so vielfach gemischter Sprachen.

Die hier erwähnte, bei vielen Völkerschaften übliche, Erwerbungsweise der Frau bezieht sich vorzüglich auf die erste oder Oberfrau. Im Besitze dieser, verschafft sich der Indianer Unterfrauen oder Kebsweiber durch Geschenke, die den Schwiegerältern dargebracht werden. Es ist diess also die, in Asien und sogar in einigen osteuropäischen Ländern übliche Sitte, die Braut um B r a u t p r e i s e zu kaufen. Ist der Bewerber ein Häuptling, oder sonst von vermögendem Einflusse, so reicht oft schon die Bitte hin. Bei andern Völkerschaften wird auch die erste Frau durch Brautpreise erkauft. Wir finden diese Sitte, sich die Gattin durch den Kalym zu erkaufen, im Allgemeinen fast bei allen Völkern, welche in Polygamie leben, so wie bei jenen, wo die Weiber Sclavendienste thun müssen und desshalb die Geltung einer Waare erhalten. Es liegt daher nichts Befremdendes im Vorkommen dieser Rechtsgewohnheit bei den Urbrasilianern. Durch Gesetze, wie z. B. bei den Tataren*), sind die Brautpreise nicht bestimmt, auch sind sie nichts weniger als beträchtlich, wie bei jenem reichen Hirtenvolke, wo Cameele, Pferde und hunderte von Schaafen dem Vater eines vornehmen und schönen Mädchens dargebracht werden. Vielmehr sind diese Preise sehr gering und dem rohen Leben der einfachen Wilden angemessen. Eben so wenig sind die Rechte und Pflichten der Gatten nach verschiedenen Brautpreisen verschieden, wie wir diess, seltsam genug, bei den Malaien auf Sumatra finden**). Bei den höchst ungebildeten *Puris*, *Coroados* und *Coropós****) bestehen sie lediglich in Wildpret und Früchten, und werden unmittelbar vor der Hochzeit, vielmehr wie ein Symbol, dass der Mann die Frau ernähren könne, denn als ein werthvolles Tauschgeschenk, gegen die abzutretende Tochter des Hauses überreicht. Bei höher civilisirten Stämmen besteht der Kalym in

---

(*) Lepechin, Reisen I. p. 111. ffl. Pallas, Reisen I. p. 305. ffl.
(**) Marsden, Beschreibung von Sumatra, p. 279. ffl. 285.
(***) Spix und Martius, Reise I. Theil. S. 387.

Waffen, Schmuck, Vorräthen von Mehl und getrocknetem Wildpret, in gewissen von den Europäern eingehandelten Gegenständen, insbesondere Eisengeräthen, endlich wohl auch in Pferden (wie z. B. bei den *Guaycurùs**) oder in einem Sclaven oder einer Sclavin. Er wird gewöhnlich vor der Hochzeit, bisweilen nach und nach dargebracht. Mit diesen Geschenken hat der Bräutigam seine Verpflichtungen gegen das Haus des Schwiegervaters vollständig abgetragen**); von nun an braucht er diesem keine Dienste mehr zu leisten, und noch viel weniger verfällt seine mit dieser Frau zu erzielende Nachkommenschaft in Verbindlichkeit gegen die grossväterliche Familie, wie diess in Sumatra der Fall ist, wo die Kinder von den Grossältern zur Freiheit ausgelöset werden müssen***). **Brautgeschenke** sind nicht üblich; überhaupt kommt der Wille der Braut bei der ganzen Verhandlung nur soweit in Betracht, als sie ihn gegen ihren Vater geltend zu machen versteht, welcher ihr absoluter Herr ist. Verlöbniss unmündiger Kinder kommt nicht vor. Dem Anführer der alten *Tupis* ward bisweilen ein Mädchen zur Frau bestimmt, bevor sie mannbar geworden war. Jener nahm sie dann in seine Hütte zn sich, und erzog sie sich selbst zur Frau.†)

Eine andere, nicht sehr häufige, Art, sich die Frau zu erwerben, ist bei den *Chavantes* üblich.††) Junge Männer, welche sich um die Hand

---

(*) Bei den Abiponen in Paraguay besteht der Brautpreis aus Glascorallen, vier Pferden, einem Kleide, einem Speer und mancherlei Hausgeräthe. Dobrizhof. Abipon. II. p. 214.

(**) Wie bei den Hindus, wo der, bei der Uebergabe der Braut gegenwärtige, Bramine, und nach ihm der Schwiegervater erkläret: das Geld ist mein und die Braut dein. Sonnerat, Voyage l. p. 75.

(***) Bei der „Ambel-Ana" genannten Eheverbindung, wo kein Kalym bezahlt wird, erzeugt der Sumatrane in dieser Weise Sclaven für das Haus des Schwiegervaters. Marsden a. a. O.

(†) Noticia do Brazil p. 278. In dieser Beziehung stehen die brasilianischen Wilden im grellen Contraste mit den Parsi in Hindostan, den Javanern und vielen Negervölkern, bei welchen Heurathen oft schon zwischen unmündigen Kindern geschlossen werden; theils, damit sich despotische Fürsten nicht der Kinder bemächtigen können, theils, weil die Aeltern der jungen Braut bei dieser Gelegenheit Geschenke erhalten. Vergl. Meiners, im Göttingschen histor. Magazin. III. S. 764.

(††) Martius, Reise II. p. 574.

der Schönen bewerben wollen, unterwerfen sich dem Ausgange eines Weltkampfes. Wer einen schweren Holzblock am weitesten tragen, oder im Laufe aufraffen und am weitesten werfen kann, führt die Braut heim. Seltsam finden wir zu solchen rohen Sitten Gegenstücke im griechischen Alterthume, wo sich die reizende Atalanta dem besten Läufer ergibt[*]).

Vorbedingung zur Ehe von Seite des Weibes ist nur sein entschiedener Eintritt in die Pubertät. Vor dieser Periode ein Bündniss zu schliessen, halten den Indianer vielfache Aberglauben ab. Ebendesshalb ist die Erklärung der sich gewöhnlich im zwölften Jahre ankündigenden Mannbarkeit[**]) der Mädchen ein wichtiger, überall festlich begangener, Gebrauch. Man bemerkt ihn bei allen brasilianischen Völkerschaften unter mancherlei, oft höchst sonderbaren, Ceremonien: Casteiungen, Absonderung von der Familie, Einräucherung, Aderlässe, blutigen Einschnitten in die Haut, u. s. w.[***]). Bei den alten *Tupis* trug die Jungfrau zum Zeichen ihrer Mannbarkeit baumwollene Fäden um die Lenden und die Oberarme, welche sie bei Verlust der Blüthe wieder ablegen musste. Gleiches wurde mir als bei den *Juris*, *Coretûs* und *Coërunas* üblich bemerkt.

Nur bei wenigen Nationen steht die Virginität der Braut in Achtung, so namentlich bei den *Chavantes* †), welche sie durch besondere Aufsicht, nicht auf die Mädchen, sondern auf die Jünglinge zu erhalten suchen. Die alten *Tupinambazes* legten eben so wenig Werth hierauf, als die ehe-

---

(*) Herodot. Apollod. III. 9. 2.

(**) Nach Garcilaso (L. III. c. 8.) pflegten die peruanischen Incas ihre Verwandtinnen nicht vor dem achtzehnten bis zwanzigsten Jahre zur Ehe zu geben. Sie verheuratheten die Glieder ihrer Familie unter einander, gaben Weiber zur Belohnung geleisteter Dienste, und jährlich schlossen die Caciken im Namen des Inca die Ehen der Heurathsfähigen ihres Districtes.

(***) Eine vorzüglich harte Prüfung mussten die Töchter der vornehmen Indianer von Cumana überstehen: sie wurden zwei Jahre lang vor der Verheurathung eingesperrt gehalten, während welcher Zeit ihre Haare nicht geschnitten werden durften. Gomara c. 79.

(†) Martius, Reise II. p. 574.

8*

maligen Bewohner von Cumana*), und als die meisten der gegenwärti-
gen Völkerschaften Brasiliens. Im Allgemeinen bilden die americanischen
Urbewohner rücksichtlich dieser Angelegenheit einen auffallenden Contrast
mit den asiatischen und slavischen Völkern**). Nothzucht wird unter
den brasilianischen Wilden, als Schimpf der Familie der Geschwächten,
von ihr an dem Thäter gerächt***).

Bei dem brasilianischen Wilden, der die männliche Würde nach dem
Stoicismus bei körperlichen Leiden bemisst, scheint eine gewisse Enthaltsamkeit von Seiten des Mannes als empfehlenswerth zu gelten. So nämlich möchte ich den Gebrauch mancher Stämme deuten, nach welchem der
Bräutigam die Brautnacht getrennt von seiner Schönen, unter seinen Al-

(*) Noticia do Brazil. S. 278. Gomara c. 79. Bekannt ist, dass auch in Peru nicht vorzugsweise die Jungfrauen zur Ehe gesucht wurden. Garcilaso L. II. c. 19. Pauw,
Recherches sur les Americains II. p. 217. Die peruanischen Hetären (Pampayru-
nas) waren übrigens sehr verachtet. Weiber durften nicht mit ihnen reden, bei
Strafe, öffentlich geschoren und für infam erklärt, und, wenn verheurathet, von ihren Männern verstossen zu werden. Garcilaso L. IV. c. 14. Inca Pachacutec hatte
ein besonderes Gesetz gegen Jungfrauenschänder gegeben. Ebend. L. VI. c. 36. —
Me acuerdo, de que in cierta parte de la provincia de Cartagena, quando cásan las
hijas, y se ha de entregar la esposa al novio, la madre de la moça, en presencia
de algunos de su linagem, la corrúpe con los dedos. Cieça. c. 49. p. 133. b. — Von
der Indifferenz der jetzigen Indianer von Quito gegen die Jungfrauschaft spricht
Ulloa, Relacion Hist. del Viage etc. Parte I. T. II. p. 554. — Gleiches gilt von
den nordamericanischen Wilden. Carver. p. 246. — Hiemit contrastirt auffallend
die Seltenheit des Umganges lediger Personen mit einander bei dem nördlichsten
Volke americanischer Raçe, den Grönländern, wo eine Dirne es schon für eine Beleidigung ansehen würde, wenn ihr ein Junggeselle in Gesellschaft von seinem Schnupf-
tabak anböte. Cranz, Hist. v. Grönl. I. p. 208.
(**) Welche sogar Zeichen der Virginität erheischten (Michaelis, mosaisches Recht II.
143. ff.) und noch verlangen (Sonnerat, Voy. I. p. 67. Georgi, Beschreibung der
russischen Völker. p. 104).
(***) Bei den alten Bewohnern von Nicaragua galt die Rechtsgewohnheit, dass, wenn
die Geschwächte sich beklagte, der Thäter der Sclaverei verfiel, oder Aussteuer ent-
richten musste. Der Sclave oder Diener, welcher sich mit der Tochter seines
Herrn verging, ward mit ihr lebendig eingegraben. Gomara. c. 206. p. 263. b.

tersgenossen, die Waffen in der Hand auf der Wacht stehend, oder in der Hütte des Schwiegervaters, neben der Braut, doch ohne sie zu berühren, zubringen muss. Das Erstere ist mir von den *Mundrucûs* erzählt worden, deren waffenfähige Jugend die Nächte in einer gemeinschaftlichen Caserne durchwacht*); das Andere wird von den *Guaycurûs* berichtet**). Bei manchen nordamericanischen Wilden soll die Enthaltsamkeit der Neuvermählten noch viel längere Zeit gepflogen werden***). Uebrigens dürfte kaum in der als rühmlich geachteten Enthaltsamkeit des Bräutigams jene seltsame Sitte ihren Grund haben, welche das Jus primae noctis dem Pajé verleiht. Sie gilt in Brasilien unter Andern bei den *Culinos* †), bei den *Juris*, deren Pajé sich mir ihrer rühmte, und bei den *Passés*, so wie bei den ehemaligen Bewohnern von Cumaná ††) und ist wahrscheinlich in dem, bei vielen rohen Völkern herrschenden Vorurtheile von der Unreinheit der Weiber gegründet. — Fruchtbarkeit ist kei-

(*) Martius, Reise III. p. 1313.
(**) Prado, a. a. O. p. 20.
(***) Charlevoix, Journ d'un Voy. V. p. 422.
(†) Nach Spix, in dessen und Martius Reise. III. p. 1189.
(††) Nach Gomara a. a. O. c. 79. p. 102. b. und nach Coreal, Voyages I. p. 11. und 140. — Nach ihnen hatten bei den Caraiben nicht blos die Pajés jenes Recht, sondern die Caciken erbaten es sich unter einander, und die Gemeinen suchten bei Jenen nach, dass sie es ausüben möchten. — Bei den Bewohnern der peruanischen Provinz Manta stand das Recht allen bei der Hochzeitsfeierlichkeit anwesenden Verwandten und Freunden des Bräutigams zu. Garcilaso, a. a. O. L. IX. c. 9. p. 312. Diese Rechtsgewohnheit erinnert an Gleiches, was Herodot L. IV. c. 173. von den Nasamoniern, einem africanischen Volke, berichtet, und an die Prostitution der Weiber bei den Babyloniern, (Herodot l. c. 189., Strabo Editio Tzschuke Vol. VI. p. 283. L. 16. c. 1. §. 20. und Vol. V. p. 138. L. XII. c. 3. §. 36. Vol. V. p. 17. L. XII., c. 2. §. 3.) und der Bewohnerinnen von Byblos (Lucian, de Dea syria.) Wenn jener Sitte ursprünglich auch ein religiöser Grund unterlag, scheint sie doch später in eine zügellose Freiheit der Weiber übergegangen zu seyn. Curtius L. V. c. 5. Eben so möchte vielleicht die freche Ungebundenheit bei den Peruanern Rest eines ehemaligen Dienstes seyn. — In Nicaragua, (einem von Mexico aus bevölkerten und in seinen Sitten zum Theil damit übereinstimmenden Lande, Gomara c. 207. p. 264. b.) war es den Weibern während gewisser Feste erlaubt,

ne besondere Empfehlung zur Verheurathung für Frauen und Mädchen, wie diess bei den Lappen, den Madegassen und vielen Negervölkern der Fall ist.

Brautwerbung wird von Seiten des Mannes immer ausdrücklich vorgenommen, bald allein, bald in Gesellschaft seiner Verwandten. Im letztern Falle begiebt sich der festlich geschmückte Zug gegen Abend mit Geschenken, vorzüglich mit Bananentrauben, vor das Haus des künftigen Schwiegervaters, und richtet da für die Nacht ein Trinkgelage und Tanzfest zu. Wenn der Vater der Geworbenen dabei erscheint, aus der Cigarre des angesehensten Verwandten des Brautwerbers einige Züge thut, und den Rauch gravitätisch in die Luft bläset, so hat die Bewerbung günstigen Erfolg gehabt. Der Vater übergiebt dann die Braut auf der Stelle, oder, nach besonderer Uebereinkunft, erst später an den Bräutigam.

Die Mitgift der Braut besteht blos in den Reichthümern ihrer Toilette: in Hals- und Ohrengehängen von Muscheln, Saamen, Glasperlen u. s. f., in Schminkschälchen mit, rother, Rocou- und, schwarzer, Genipapofarbe; vielleicht auch in einigen Kleidungsstücken*). Bei den *Guaycurûs* bleiben der verheuratheten Tochter, gleichmässig mit den übrigen Geschwistern, die Rechte auf einen Theil der einstmaligen Verlassenschaft des Vaters an Pferden, Sclaven u. s. w. gesichert. Da die Völkerschaften am Amazonas solche Besitzthümer nur selten, oder gar nicht kennen, und die Gefangenen oft von dem Häuptlinge, nach dem Tode des Kriegers, dem sie zugetheilt worden waren, für sich in Anspruch genommen werden, so giebt es dort keine solchen Erbschaften zu Gunsten ausgeheuratheter Töchter. — Hochzeitsgeschenke werden weder von

sich mit andern Männern einzulassen, Gomara c. 206. p. 263. b., und der Bräutigam überliess das Jus primae noctis oft dem Caciken. Ebendas. . In andern Gegenden der Tierra firme übernahmen jenes Recht Freunde und Verwandte. Pedro de Cieça c. 49. p. 133. b.

(*) Eben so, unter Andern, auch bei den Grönländern. S. Cranz, Histor. v. Grönland. I. p. 208.

den Familiengliedern, noch von den übrigen Freunden und Stammgenossen, gegeben. Auch von einer Morgengabe weiss das Brautpaar nichts. — Die Hochzeitsfeierlichkeit ist ein grosses Trinkgelag, an dem oft mehrere hundert Personen Theil nehmen. Es wird immer im Hause oder Hofe des Mächtigeren und Reicheren von den beiden sich verschwägernden Familien gehalten, indem von allen Seiten Speise und Trank herbeigeschleppt wird. — Die brasilianischen Wilden pflegen manchmal auch bei Verheurathungen andere Namen anzunehmen; die genaueren Verhältnisse, unter welchen diess geschieht, sind mir unbekannt geblieben. Bei den Caraiben auf den Antillen nahmen beide Theile neue Namen an *).

Gewisse Heurathen werden für unerlaubt gehalten; doch sind die hierauf bezüglichen Rechtsgewohnheiten sehr verschieden bei verschiedenen Völkern und Stämmen. Im Allgemeinen gilt es für schändlich, seine Schwester oder die Tochter des Bruders zu ehelichen. Die Sitten sind in dieser Beziehung um so reiner, je zahlreicher der Stamm ist. Bei kleinen, isolirt wohnenden Horden und Familien ist es sehr häufig, dass der Bruder mit seiner Schwester lebt. Als Volksstämme, welche hierüber sehr lockere Grundsätze hätten, wurden mir die *Coërunas* und *Uainumás* genannt. Beide sind bereits dem Verlöschen nahe. Im Allgemeinen lässt sich behaupten, dass Blutschande in allen Graden bei den zahlreichen Stämmen und Horden am Amazonas und Rio Negro häufig vorkomme. In den südlicheren Gegenden herrschen reinere Verhältnisse. Von den alten *Tupinambazes* wird berichtet, dass solche Verbindungen nur verstohlen unterhalten werden durften **). Die *Yaméos*, ein Stamm

(*) Du Tertre a. a. O. II. p. 378.
(**) Namentlich die Verbindung mit Schwestern, Tanten und Töchtern. Noticia do Brazil. p. 282. Hierin waren also die Tupis etwas mehr civilisirt, als die Caraiben der Antillen, bei welchen der Mann zu gleicher Zeit mit zwei Schwestern, und sogar mit Mutter und Tochter verbunden seyn durfte. Du Tertre a. a. O. II. p. 378. — Bei den Indianern auf St. Domingo waren Heurathen nur im ersten Verwandtschaftsgrade verboten. Diese Caraiben glaubten, sie würden sterben müssen, wenn sie sich mit Mutter, Schwester oder Tochter verbänden. Oviedo L. V. c. 3. f. 49.

am Amazonenstrome, dulden keine Verbindung zwischen Personen, welche zu ein und derselben Zunft gehören, wenn schon sonst keine wahre Blutsverwandtschaft zwischen ihnen aufweisbar herrscht, indem sie sich dennoch innerhalb der Grenzen jener Zünfte als die nächsten Blutsfreunde betrachten*). Diess ist eine der merkwürdigsten Erscheinungen in dem Leben so roher Völker, und scheint unabweislich auf eine edlere Gesittung in früheren Zeiten hinzudeuten.

Im seltsamen Gegensatze mit den verbotenen Verwandtschaftsgraden, stehen gewisse Zwangsehen. So ist es ein fast bei allen brasilianischen Wilden strenge geübtes Herkommen, dass nach dem Tode eines Gatten dessen ältester Bruder, oder, wenn kein solcher vorhanden wäre, der nächste Verwandte männlicher Seite, die Wittwe, und der Bruder der

---

Charlevoix a. a. O. I. p. 61. — In Peru hatten die Incas eheliche Verbindung von Verwandten im ersten Grade auf- und absteigender Linie bei Todesstrafe verboten, Acosta a. a. O. L. VI. c. 18. p. 428.; und gleiche Strafe war auf Blutschande mit Mutter, Grossmutter, Tochter, Enkelin und Schwester gesetzt. Ebendas. p. 428. Auch in der Familie der Incas waren, nach demselben Schriftsteller, Ehen zwischen Geschwistern unerlaubt, bis der Grossvater des Atahualpa seine Schwester heurathete. Dagegen berichtet der spätere Inca Garcilaso a. a. O. L. I. c. 21., dass Manco Capac Ehebündnisse mit Verwandten anempfohlen habe, sowie, L. IV. c. 9., dass von diesem Gründer der Dynastie an der jedesmalige Thronerbe sich mit seiner Schwester, oder einer bis in den vierten Grad Verwandten vermählt habe, damit sich die Abkömmlinge der Sonne stets unvermischt auf dem Throne erhielten. Viel roher jedoch erscheint Alles nach dem Berichte von Gomara, c. 124. Dieser Schriftsteller, älter als die vorigen, sagt dass in Cuzco Polygamie üblich gewesen und dass die Soldaten (Gemeine) selbst ihre Schwestern geehlichet hätten.

(*) Veigl, in von Murr's Reisen einiger Missionarien p. 72. — Die Irokesen und Huronen, welche in Monogamie leben, sind strenge, dagegen die polygamischen Algonquinen leicht in Beobachtung der Verwandtschaftsgrade. Lafitau a. a. O. I. p. 558. ffl. Charlevoix, Journ. d'un Voy. V. p. 419. ffl. — Unter den Grönländern lassen sich Geschwisterkinder, ja sogar Leute, welche einander nicht verwandt, aber als Adoptivkinder in einem Hause erzogen worden sind, selten in eine Heurath ein. Dagegen findet man, wenn schon selten, und stets verabscheut, Beispiele, dass ein Mann gleichzeitig zwei Schwestern oder die Mutter und die mit dieser zugebrachte Tochter heurathet. Cranz, Histor. von Grönland. I. p. 209.

Wittwe deren Tochter heurathe. Bei den *Mundrucùs, Uainumás, Ju-rís, Maúhés, Passés* und *Coërunas* hörte ich von dieser Sitte. Sie wird auch von den alten *Tupinambazes* mit dem Zusatze berichtet, dass der Bruder oder nächste Blutsverwandte der Wittwe ein gesetzliches Recht auf seine Nichte hatte, sie schon bei Lebzeiten seines Schwagers zu sich nehmen, und für sich auferziehen konnte [*]). Wollte er sie nicht heurathen, so übte er doch väterliche Gewalt über sie aus, und konnte sie einem andern Manne nach Gutdünken zur Ehe geben. Ohne Zweifel ist die Häufigkeit von Verbindungen zwischen so nahen Verwandten ein Grund der physischen Verschlechterung, und noch viel mehr der geistigen Verkümmerung dieser rothen Raçe.

Die bisher angeführten Verhältnisse erweisen schon hinreichend, dass in dem der Ehe vergleichbaren Bündnisse der Wilden auf Seite des Mannes statt Rechtes unbedingte Macht und Willkühr gilt, und dass dagegen der Zustand des Weibes ein durchaus leidender ist. Demgemäss verfügt der Gatte sogar über den Leib seiner Frau. Die Berichte mancher Reisenden, dass der americanische Wilde seine Tochter, ja sogar seine Gattin zum Zeichen der Freundschaft oder aus Eigennutz den Umarmungen seines Gastes anbiete, sind, so oft man auch an ihrer Wahrhaftigkeit zweifeln mag, dennoch wahr. Jeder, der bis zu den rohen, mit Europäern noch wenig bekannten Stämmen im Innern des neuen Continentes vordringt, findet Gelegenheit, sich von einer unserm Gefühle so widerlichen Sitte zu überzeugen. Bei den kleinen Völkerschaften am Amazonas und Yupurá geschieht es bisweilen, dass der Gatte die Gattin gegen Lohn prostituirt, oder auf eine gewisse Zeit einem andern Manne überlässt. Bei allen brasilianischen Stämmen kann der Mann die Frau ohne Grund verstossen und dagegen eine andere Frau aufnehmen. Dem leidenden Theile

[*] Noticia do Brazil p. 283., Thevet, bei Lafitau a. a. O., I. p. 557. Vasconcellos p. 81. — Die Caraiben der Antillen heuratheten ebenfalls vorzugsweise ihre Geschwisterkindsbasen, als ihnen von Rechtswegen zustehend. Rochefort a. a. O. II. p. 595. ffl. — Du Tertre a. a. O. II. p. 377. Bei den Apalachiten sollen die Heurathen ausser der Familie für minder anständig gegolten haben. Rochefort ebendas. p. 330.

9

steht es in allen diesen Verhältnissen nicht zu, bei dem Häuptlinge oder vor der Gemeinde Rechte geltend zu machen, und nur den Einfluss und die Dazwischenkunft der eigenen Familie kann er zu seinen Gunsten benützen. Bei den *Miranhas* und andern Völkerschaften darf der Gatte die Gattin verkaufen; dieser Fall kommt jedoch im Vergleiche mit dem unter den Negern allgemein gültigen Rechte hier äusserst selten vor*). Die Begriffe von ehelicher Treue sind ziemlich gleichmässig bei allen brasilianischen Ureinwohnern ganz zu Gunsten der Männer. Diese sehen in der Schändung ihres Bettes einen persönlichen Schimpf, und rächen ihn gewöhnlich an beiden schuldigen Theilen, fast immer strenger bei dem Weibe als bei dem Manne **). Vielleicht haben die Männer im Allgemeinen mehr Grund zur Eifersucht, als die Weiber, welche von einem lebhafteren Temperamente beherrscht werden. Die angeborne, mit der ganzen Gemüthsart verschwisterte, Eifersucht der Männer bewaffnet diese als Richter in eigener Sache; und die schuldig Befundene, ja selbst die

(*) Die Indianer von Darien, welche so viele Weiber nahmen, als ihnen gefiel, und dabei auf Gleichheit (des Ranges?) sahen, konnten sie verstossen, gegen andere vertauschen, und verkaufen, vorzüglich die unfruchtbaren (Gomara c. 68. p. 82. b.); Scheidung erfolgte bei ihnen, wenn Verdacht der Schwangerschaft zugleich mit den Regeln da war. (So wenigstens verstehe ich die Stelle: Empero es el divorcio y apartamiento estando ella con su camisa por la sospecha del prennado. a. a. O.) In Nicaragua wurden die Ehebrecherinnen verstossen, und erhielten ihr Mitgift zurück. Sie konnten nicht wieder heurathen. An dem Verführer rächte sich der Gatte durch die Faust, des Weibes Verwandte aber hielten sich für beschimpft. (Gomara p. 203. b.).

(**) Aus den ältern spanischen Berichten ist nicht ersichtlich, ob die peruanischen Rechtsgewohnheiten eben so günstig für die Männer waren. Bei Gomara heisst es nur (cap. 124.), der Ehebruch werde bei den Indianern von Cuzco mit dem Tode bestraft; bei Acosta (L. VI. c. 18. p. 427.), die wahre Ehefrau werde eben so wie der schuldige Mann mit dem Tode gestraft; und selbst wenn der Mann verzeihe, trete eine, wenn auch geringere, Strafe ein. — Der peruanische Gesetzgeber Pachacutec gab ein eigenes Gesetz gegen Ehebrecher, das keines der beiden Geschlechter begünstigte. Garcilaso L. VI. c. 36. Bei den Indianern von Cumana erfolgte Verstossung nach dem Ehebruch, und der beleidigte Gatte suchte sich überdiess an dem Verführer zu rächen. Gomara c. 79.

unschuldig Bezüchtigte, wird nicht selten von dem Manne mit dem Tode bestraft, ohne dass der Häuptling, oder die Gesammtheit hieran hindern könnte. Es gilt diess vorzüglich von den rohen Stämmen, den *Purís, Coroados, Patachós, Muras, Aimorés* u. s. w. Die Weiber der letztern sollen während der Abwesenheit ihrer Gatten zu einem andern Manne entweichen dürfen, der eben eine grosse Jagdbeute gemacht hat. Werden sie aber in Untreue ergriffen, so büssen sie meistens durch gewaltige Schläge oder Wunden, die ihnen in Arme und Schenkel geschnitten werden*). Ich habe eine Botocudin gesehen, welche wegen Ehebruchs von ihrem Manne an einen Baum gebunden, und durch zahlreiche Pfeilschüsse verwundet worden war**). Der rohe Zorn des Beleidigten wendet sich dann auch oft gegen den Mitschuldigen, in hinterlistigem oder offenem Angriffe; doch kömmt es nicht immer zur Tödtung. Bei andern Stämmen, insbesondere am Amazonenstrome, und bei den *Mundrucús* und *Guaycurús* wird die vom Weibe gebrochene eheliche Treue nicht so hart bestraft. Es kommt hier wohl auch bisweilen zu einem Ausspruche des Häuptlings, so ferne er von den Familien der Betheiligten angerufen worden. Will der beleidigte Gatte die Schändung seines Bettes durch den Tod rächen, so fügt er nicht selten Anklage auf Hexerei hinzu, worin er vom Pajé unterstützt wird. Der gemeinste Fall beim Ehebruch des Weibes ist die Verstossung desselben. Unmündige Kinder, besonders Mädchen, folgen der Mutter, doch gelten hierüber keine festen Bestimmungen. Den Weibern ist beim gegentheiligen Falle keine gleichmässige Appellation an den Häuptling oder an die Gemeinde gestattet. Meistens entziehen sie sich der Gemeinschaft des ungetreuen Gatten, indem sie zu ihren Verwandten zurückfliehen. Aus den angeführten Verhältnissen geht deutlich hervor, dass bei den Indianern von einer förmlichen, durch richterliche Dazwischenkunft ausgesprochenen Scheidung der Gatten nicht die Rede seyn könne. Sehr häufig geschieht die Trennung unter gegenseitiger Verstän-

---

(*) Neuwied II. p. 38. Bei den Miamis in Nordamerica hat der beleidigte Gatte das Recht, der flüchtigen Frau die Nase abzuschneiden. Charlevoix, Voy. V. p. 420.

(**) Reise in Brasilien. II. p. 480.

digung und Einwilligung; ja bisweilen bisweilen tauschen sich Ehepaare unter einander aus.

Gemeinschaft der Weiber ist eben so wohl als Polyandrie dem gesammten geistigen und leiblichen Zustande der Indianer zuwider; ich habe hievon nirgends eine Spur gefunden*).

Die grosse Abhängigkeit der weiblichen Ehegatten veranlasst sie, den Männern stets gefällig zu seyn. Daher stammt das bei sehr vielen Stämmen im Schwange gehende Laster, die Leibesfrucht zu tödten. Bei den *Guaycurûs* ist es so häufig, dass die Weiber im Allgemeinen erst vom dreissigsten Jahre an Kinder zu gebähren und aufzuziehen anfangen**). Wenn auch nicht als herrschende Nationalsitte. dennoch ziemlich häufig bemerkt man diese Unnatur und davon herrührende Körperleiden der Weiber bei mehreren Völkern am Amazonenstrome und Yupurá: den *Jurís, Uainumás* und *Coërunas.* Die *Guanâs* am Paraguay sollen ihre neugebornen weiblichen Kinder lebendig begraben ***). Auch das Aussetzen neugeborner Kinder durch die Mutter ist als Folge ihres tieferniedrigten Zustandes nicht selten. Es mag als Maasstab für das Elend dieser Unterwürfigkeit gelten, dass hier das Mutterherz selbst seinen innigsten Gefühlen entfremdet wird.

Dieselbe Gewalt, welche dem Manne, als dem stärkern, gegen seine Gattin zusteht, besitzt er auch über seine Kinder in vollkommener Unbeschränktheit, ohne irgend eine Beaufsichtigung durch die Gemeinschaft. Doch dauert diese schrankenlose väterliche Gewalt nur so lange, als die Kinder unmündig von dem väterlichen Heerde abhängen. In dieser Zeit

(*) Sie scheint vorzugsweise nur dem Temperamente und den Sitten roher, ostasiatischer Völker zu entsprechen. Ihre älteste Spur finden wir vielleicht bei den alten Massageten. Herod. I. 216.

(**) Prado, a. a. O. p. 21. Nach Azara, Voyage II. p. 116., sollen sie ihre Kinder bis auf ein Paar umbringen; und die Lingods und Machicuyo sollen nur das letzte Kind am Leben lassen (?). Azara, a. a. O. p. 152. 156.

(***) Azara, a. a. O. p. 93.

darf sich der Vater, der übrigens den Kindern fast nur wie ein Fremder gegenübersteht, und sich wenig um sie bekümmert, jede Strafe und Willkühr gegen sie erlauben. Das Kind erhält gewöhnlich durch den Vater einen (von Verwandten, Thieren oder Pflanzen hergenommenen) Námen, sobald es aufrecht sitzen kann *), einen andern bei der Erklärung der Mannbarkeit (Emancipation); noch andere werden dem Manne nach Auszeichnung im Kriege, oft durch ihn selbst gegeben. (Bei denjenigen Stämmen, welche sich zu tatowiren pflegen, ist die Ertheilung eines neuen Namens zugleich mit einer Vermehrung der Tatowirung üblich: so bei den *Mundruoûs* **). Die Erklärung der Mannbarkeit ist kein Act der väterlichen Gewalt, sondern geht eigentlich von der Gesammtheit aus, welche Zeuge der von dem Knaben abgelegten Proben ist. Jener Act fällt gewöhnlich in das vierzehnte oder fünfzehnte Jahr. Da sich der angehende Jüngling von nun an leicht selbst erhalten kann, und er dem väterlichen Hause wesentliche Dienste leistet, so erlischt allmälig die väterliche Gewalt über den Sohn; über die Tochter dauert sie, auch nachdem ihre Pubertät bereits erklärt worden, in aller Strenge so lange, bis sie sich derselben durch Verbindung mit einem Manne entzieht ***).

(*) Bei den Passés ertheilt, nach Spix's Beobachtung (Reise III. p. 1186.), der Pajé dem neugebornen Kinde den Namen. — Die alten Peruaner gaben den Namen, wenn der Säugling entwöhnt wurde, dabei wurden ihm die Haare von den Verwandten der Reihe nach feierlich abgeschnitten. Garcilaso L. VI. c. 11. Vielleicht stammt hievon der Gebrauch der benachbarten Tecunas, dem Neugebornen die Haare auszureissen. Martius, Reise III. p. 1188. Ganz ähnliche Sitten rücksichtlich der Namensertheilung herrschten u. a. auch bei den Caraiben. Rochefort a. a. O. II. p. 611. ff. Den Kindern wurden dabei auch die Lippen und Ohrläppchen durchbohrt, was ebenfalls bei vielen brasilianischen Völkerschaften geschieht. — (Das Abschneiden der Haare bei Kindern als eine Ceremonie kommt auch bei den Kalmücken vor. Pallas, Reise I. p. 305.)

(**) Die Majorunas, welche ihr Antlitz durch Einschnitte u. dgl. scheusslich entstellen, feiern die Durchbohrung der Lippen, Ohren und Wangen durch ein grosses Fest. Reise III. p. 1188.

(***) Bei den alten Peruanern galt die väterliche Gewalt bis ins 25ste Jahr. In diesem Alter mussten auch die Jünglinge seyn, welche der Inca, oder in seinem Namen die Curacas, mit Frauen versorgten. Garcilaso L. V. c. 15. L. IV. c. 19. L.

Der brasilianische Ureinwohner verkauft bisweilen seine Kinder, — leider muss ich es gestehen — viel öfter an Menschen weisser Raçe, als an solche von seiner eigenen Farbe. Die grosse, ja absolute Gewalt, welche der Vater über seine unmündigen Kinder ausübt, entspringt aus einer ganz andern Quelle, als jene fast schrankenlose Autorität des Vaters bei den Griechen und noch mehr den Römern*). Sie ist nichts als der Ausdruck physischen Uebergewichtes, während jene Völker des Alterthums das Ansehen des Familienvaters auf die erhabensten und reinsten Lehren einer strengen Sittlichkeit gründeten. Erziehung findet eigentlich von Seite der Aeltern nicht statt. Der Vater duldet die Kinder, die Mutter nützt sie. Soferne wir daher die väterliche Gewalt in dem sittlichen Principe, Kinder zur Humanität zu bilden, gegeben erachten, müssen hier ihre Grenzen sehr enge seyn.

Ehrfurcht und Gehorsam sind den Kindern fremd. Das älterliche Verhältniss hat hier jene Heiligkeit verloren, welche in den edelsten Gefühlen der Natur begründet ist. Bei den Chinesen ist diese väterliche Gewalt die letzte und reinste Quelle, aus welcher alle staatsrechtlichen und bürgerlichen Verhältnisse hervorgehen; Liebe und Wohlwollen wird von hier aus über den ganzen Organismus der Gesetze verbreitet; und in dieser Beziehung kann man keinen schärferen Gegensatz, als den finden, in welchem sich, schon vom Principe aus, das Recht unter den Urvölkern Brasiliens und bei dem genannten asiatischen Volke entwickelt hat. Die schwache

---

VI. c. 36. — Die Incas beschränkten die väterliche Aufsicht durch das Institut der Decurionen. Ein Hausvater hatte nämlich eine Art von Oberaufsicht über neun seiner Nachbarn; er leitete ihre Geschäfte als Fiscal und trat sogar als Richter in häuslichen Angelegenheiten auf. Er strafte die Kinder wegen Unarten, aber auch die Väter, wenn sie jene nicht genügend unterwiesen und erzogen hatten. Garcilaso L. II. c. 11. 12. Von dem Inca Roca — welcher die Kinderopfer verbot (L. IV. c. 13.) — wurden Schulen errichtet. L. IV. c. 19. L. VII. c. 10. Ein noch mehr ausgebildetes Erziehungssystem, in öffentlichen Pensionen, scheint bei den Mexicanern eingeführt gewesen zu seyn. Acosta Lib. VI. c. 27.

(*) Nach den von Romulus gegebenen Gesetzen durfte der Vater seine Kinder dreimal in die Sclaverei verkaufen, ja sogar tödten. Dion. Halicarn. L. II. c. 26.

Ausdehnung der väterlichen Gewalt bei Jenen entspricht dem Mangel höhern Rechtsideen überhaupt. Schon dieser Zug in der Sittengeschichte beider Völker dürfte die Meinung Derjenigen widerlegen, welche die rohen Bewohner America's für verwilderte Abkömmlinge aus dem fernen Osten Asiens gehalten haben. So gewaltig auch die Missentwickelungen chinesischer Abkömmlinge unter dem Einflusse einer ganz verschiedenen Natur sich hätten gestalten können, nimmermehr würden sie sich doch bis zu einem absoluten Gegensatze in Begriffen ausgebildet haben, worin wir die Grundlage aller geselligen, bürgerlichen und rechtlichen Verhältnisse erblicken.

Wohl schwerlich ist anzunehmen, dass die Weiber der brasilianischen Wilden mit der ehelichen Verbindung gewisse Verpflichtungen gegen den Gatten nach dessen Tode eingehen sollten, wie diess bekanntlich bei den Hindus so häufig der Fall ist. Von den Weibern der Caraiben auf den Antillen, der Wilden in Darien, und in Peru von denen des Inca und der vornehmern Häuptlinge wird berichtet, dass sie sich nach dem Tode der Gatten mit den Leichen lebendig begraben lassen mussten*). Doch soll diess nur ausnahmsweise und nach ihrer eigenen Wahl geschehen seyn. Auch bei den nordamericanischen Wilden sollen sich Weiber und Sclaven eines Häuptlings, nachdem sie grosse Kugeln Tabak verschluckt, und sich dadurch in einen Zustand von Trunkenheit versetzt haben, zu Ehren ihrer Gebieter dem Feuertode widmen. Von diesen sich selbst verläugnenden Opfern bietet keine brasilianische Völkerschaft Analogien dar. Das Wiederausgraben und Reinigen der Gebeine geliebter Todten**) und das Aufbewahren ganz, oder stückweise zu Mumien verwandelter Lei-

(*) Hern. Oviedo L. V. c. 3. p. 48. b. Charlevoix, Histoire de St. Domingue I. p. 59. Herrera Dec. II. L. 3. c. 5. p. 84. Garcilaso a. a. O. L. VI. c. 5. p. 177. Nach dem Tode des Guaynacapac sollen mehr als tausend Personen in Todtenopfern getödtet worden seyn. Acosta L. V. c. 7. p. 319. Die Wittwen trauerten ein Jahr lang, und verheuratheten sich nicht wieder. Acosta L. VI. c. 18. p. 427.

(**) Bei den Indianern von Cumana erhielt die Oberfrau den Schedel vom wiederausgegrabenen Skelet ihres Gatten. Gomara. p. 83. p. 108. b.

chen, welche sich hie und da, so wie im übrigen America auch bei den
Wilden Brasiliens findet*), scheint in keiner Weise mit Rechtsbegriffen in
Verbindung zu stehen.

Auch zur Sorge für Kinder und Verwandte scheint das der
Ehe analoge Bündniss unter diesen Wilden nicht zu verpflichten. Nicht
selten erliegen die unmündigen Kinder dem Hungertode, oder sterben aus
andern Ursachen unmenschlicher Vernachlässigung. Uebrigens findet sich
bei den Urbewohnern Brasiliens keine Spur von Kinderopfern, welche nicht
blos bei den Mexicanern, sondern auch bei den alten, ganz rohen, und jenen erstern vergleichbaren Völkerschaften von Peru im Schwange gingen**).
Ein gesetzlicher Unterschied zwischen den Kindern der Oberfrau und der
Concubinen wird nicht gemacht; vielleicht sind sich alle gleich***). Von
einer Art Vormundschaft über verwaiste Kinder findet man keine Spur.
Oft sterben sie, nach dem Tode der Aeltern sich selbst überlassen, in
grösster Vernachlässigung. Gewöhnlich werden sie von Nachbarn oder
Verwandten aufgenommen. Der Häuptling hat keine Aufsicht hierüber.
Auch gegen die Kranken und abgelebten Alten übernimmt der brasilianische Ureinwohner keine Verpflichtungen. Jene heiligen Bande, wodurch
das menschliche Herz an eine frühere und spätere Generation geknüpft
wird, sind hier ganz locker und unkräftig. Viele Stämme†) pflegen ih-

(*) Reise II. p. 692. III. p. 1319.

(**) Garcilaso L. I. c. 11. p. 13. 14. Hier wurden Kinderopfer auch später, unter andern für die Genesung eines kranken Vaters, und bei der Einweihung des neuen
Inca dargebracht. Acosta L. V. c. 19. p. 349.

(***) Ein solcher Unterschied scheint auch in Peru zur Zeit der Incas nur rücksichtlich
der Kinder aus dem reinen Geblüte der Sonnenabkömmlinge Statt gefunden zu haben; demgemäss die Bastarde nicht successions- und erbfähig waren. Garcilaso L.
IV. c. 9. L. IX. c. 36. — In Darien wurden die Unterfrauen von den Söhnen der
Oberfrau ernährt, wenn der Vater gestorben war. Herrera Dec. II. L. 3. c. 5.
p. 84.

(†) Z. B. die Majorunas, die Mundrucûs etc. Reise III. 1195. p. 1310. Unter den
nordamericanisahen Wilden wird diese gräuliche Sitte bei den Huronen, Algonquins
u. a. Stämmen, vorzüglich im Norden vom Lac Superior, bemerkt. Volney, Oeuvres VII. p. 403. Nach dem Gesetze der Incas mussten die Alten, welche zu an-

ren eigenen Verwandten den Tod zu geben, so bald sie unbehülflich und ihnen lästig geworden sind, in der Meinung, dass ohne Jagd, Krieg und Trinkgelage dem Greise nichts Erfreuliches mehr widerfahren könne. Bei den alten *Tupis* ward bisweilen ein Kranker, an dessen Aufkommen der Pajé zweifelte, auf dessen Rath todtgeschlagen, und — gefressen*).

Wenn Tödtung solcher abgelebten Familienglieder in den Augen der Menge nichts Schändliches und Verbrecherisches hat, darf man wohl erwarten, dass die Gemeinde als Gesammtheit ihre Rechte nicht beeinträchtigt hält, wenn es im Streite zweier Mitglieder zur Tödtung gekommen, oder wenn eine Feindschaft mit Mord endigt. In einem solchen Falle wird keine Strafe verhängt, sondern Rache an dem Thäter genommen; aber diess ist lediglich Sache der betheiligten Familie. Wir finden daher hier, wie bei vielen Völkern Indiens, ja sogar Europa's (den Sarden, Bosniern, Wallachen u. s. w.), das Institut der Blutrache. Es ersetzt gewissermaassen ein peinliches Gericht; aber sein Einfluss ist um so trauriger, als es Hass und Verfolgung durch Generationen verewigt; denn die Rachsucht des Indianers besänftigt sich nicht leicht. Auch ist es vielmehr dieses persönliche Gefühl, als der Begriff, dass die Vernachlässigung der Blutrache eine grosse Schande sey, was diese Gewohnheit in Uebung erhält. Wenn die Tödtung, welche Blutrache hervorruft, von einem Gliede derselben Horde oder desselben Stammes ausgegangen ist, so wird diese ohne weitere Dazwischenkunft der Gemeinschaft gesucht. Anders verhält es sich bei schweren Beleidigungen oder Tödtung durch Glieder einer andern Gemeinde oder eines andern Stammes. Dieser Fall wird fast immer als Angelegenheit Aller betrachtet, und in Versammlungen unter Vorsitz des Häuptlings erörtert. Da der Begriff der Blutrache bei den brasilianischen Wilden sehr herrschend und mächtig ist, so steht es bei der gemeinschaftlichen Berathung sogleich fest, dass sie genommen werden müsse;

dern Geschäften untauglich waren, die Vögel aus den Feldern verscheuchen, und wurden dafür zugleich mit den Blinden, Stummen und Lahmen auf öffentliche Kosten erhalten. Garcilasso L. VI. c. 35. p. 217.

(*) Vasconcellos, Chronica. p. 87.

ob aber durch den einzelnen Betheiligten lediglich an dem Thäter, oder durch die Gemeinschaft an der ganzen Familie, oder selbst an dem Stamme, — diess ist Gegenstand der Berathung. Frühere Erfolge, Schwäche oder Macht des Stammes, Kriegslust oder Furcht der einzelnen Stammführer geben hier den Ausschlag. Meistens wird dahin entschieden, dass die Sache als Angelegenheit Aller zu betrachten sey, und dann beginnt Krieg, mit oder ohne vorausgehende Ankündigung.

Die nächsten Verwandten des Getödteten treten in jedem Falle als unmittelbare Rächer auf, sie suchen sich in dem Feldzuge hervorzuthun, und wo möglich den Thäter und dessen Familie mit eigener Hand umzubringen. Andere Verwandte und Freunde schliessen sich zu diesem Zwecke an. Während des Feldzugs zeichnen sich solche Bluträcher gewöhnlich durch schwarze Flecke aus, welche sie über ihren Körper anbringen. Manche scheeren sich die Haare ab. Vor dem Aufbruche gegen den Feind halten sie noch besondere Trinkgelage, wo sie die Tugenden des zu rächenden Verwandten in wilden Gesängen verkündigen. Am nächsten zur Blutrache verbunden werden die Söhne, die Brüder und Schwesterkinder erachtet. Sie auszuüben ist diesen Gewissenssache, und weder Furcht noch Schwierigkeiten irgend einer Art halten davon ab.

In dem hier bezeichneten Falle, da der Todtschläger einem andern Stamme zugehört, erstreckt sich die Blutrache meistens von dem Todtschläger auf dessen ganze Familie. Der Bluträcher verschont dann gewöhnlich kein Glied der feindlichen Familie, selbst Greise und Säuglinge nicht. Der Häuptling der *Miranhas*, bei welchem ich mehrere Wochen zugebracht habe, rühmte sich einer solchen That, und setzte hinzu, dass er die Hütte des Erschlagenen mit Allem, was darin war, in Brand gesetzt habe. Wie in diesem Falle wird die Blutrache immer ganz formlos, wie es die Umstände erlauben, und hinterlistig, oft in nächtlichen Ueberfällen, ausgeübt. Die Gemüthsart der Indianer beurkundet sich hier in ihrer ganzen finstern Stärke. Schlau und versteckt trägt er den Groll oft Jahre lang mit sich, bis alle Gräuel einer thierischen Wuth, einer nach Blut lechzenden Rachsucht hervorbrechen, und der Feind oft unter den grausamsten Martern

hingeopfert wird. Man berichtet, dass der Bluträcher dieselben Wunden
zu schlagen suche, an welchen sein Verwandter gestorben. Er wird somit ein Zurückforderer des Blutes, wie der Goël der alten Hebräer. Nicht
selten tödtet der Bluträcher, indem er den Todtschläger an einen Baum
bindet und mit Messern und Pfeilen langsam zerfleischt. Der Gemarterte
aber erträgt diese Qualen mit Standhaftigkeit, Todesverachtung, ja mit bit-
term Hohn und Trotz, so dass schwer zu sagen ist, sollen wir mehr die
fast übermenschliche Willenskraft in Ertragung körperlicher Leiden bewun-
dern, oder mehr beklagen, dass ein menschliches Gemüth des Grades von
Grimm und Hass fähig ist, bei welchem physische Schmerzen verschwinden.

Die Kriegsgefangenen der alten *Tupinambazes* und auch gegenwärtig
vieler kriegerischer Stämme, wie der *Apiacás, Mundrucûs, Mauhés, Majorunas, Marauhás, Araras, Aimorês* u. s. w., sind als solche der Blutrache eines ganzen Stammes verfallene Opfer zu betrachten. Bei den Erstern wurden sie in enger Haft, an langen Seilen angebunden*), wohl
verpflegt, ja sogar mit einer Beischläferin versehen, endlich aber, nachdem
sie hinreichend gemästet waren, unter grimmiger Verhöhnung und Martern jeder Art erschlagen, um mit ihrem Leibe den Stoff zu einem Men-
schenmahle zu liefern**). Die *Majorunas, Aimorês* und Andere kommen auch jetzt mit diesen gräulichen Sitten überein. Von den andern,
oben erwähnten und von vielen andern Völkerschaften, welche der Anthropophagie nicht mehr ergeben seyn sollen, ist es doch nur zu wahr, dass sie

(*) Die Irokesen und andere nordamericanische Völkerschaften versichern sich der Gefangenen bei Nacht, indem sie sie ausgestreckt mit Stricken an Pfosten binden, die
in die Erde geschlagen werden. Lafitau II. p. 262. ff.

(**) Noticia do Brazil c. 171 — 173. Vasconcellos L. I. p. 78. ff. Die ausführliche
Darstellung dieser Verhältnisse findet sich in Lery, Hans Stade, Thevet und den
übrigen ältesten Schriftstellern über Brasilien. Die nordamericanischen Wilden verbrennen ihre Gefangenen bei langsamen Feuer. Lafitau II. p. 274. ff. — Die Mexicaner, die Indianer von Nicaragua und die Peruaner führten Kriege, um Gefangene für ihre Menschenopfer zu erbeuten. Siehe unter Andern Gomara c. 206. p. 264.
(von welchem Schriftsteller wir immer die Ausgabe von J. Steels, nicht die gleich-
zeitige von M. Nucio, citirt haben).

10*

ihre Blutrache an dem Feinde auf eine so frevelhaft raffinirte Weise ausüben *).

Wenn eine Tödtung durch ein Individuum derselben Gemeinschaft die Hinterbliebenen zur Blutrache aufruft, liegt es in der Macht des competenten Häuptlings, sie geschehen zu lassen, oder sie zu verhindern. Gewöhnlich mischt er sich nicht in diese Privatsache, es sey denn, dass Freundschaft oder Verwandtschaft ihn der einen oder der andern Parthei geneigt machen. Auch kann er, wie jeder Andere, im Falle keine Verwandte da sind, die Sache zu der seinigen machen, und den Todtschläger verfolgen. Hierin scheinen keine bestimmten Rechtsgewohnheiten zu gelten, sondern Alles hängt von den besondern Umständen ab. — Vorzüglich bei den kleinern Horden und Stämmen nördlich vom Amazonas, deren Sitten etwas milder sind, und die wegen Schwäche der Gemeinschaft ein Menschenleben höher anschlagen, tritt der Häuptling nicht selten als Versöhner auf. Er leitet dann die Entrichtung einer Sühnebusse**) ein. Ich habe bei den *Miranhas* von zwei solchen friedlichen Ausgleichungen gehört. In dem einen Falle übergab der Todtschläger seine eiserne Axt, im andern zwei junge Gefangene, welche sodann an einen eben anwesenden Weissen verhandelt wurden. Die Bluträcher waren aber hier nur weitläufig Verschwägerte des Getödteten, und es ist mir wahrscheinlich, dass keine Sühnebussen eintreten, wenn die Rache durch nahe Verwandte genommen werden soll.

Dass die Blutrache ganz formlos ausgeübt werde, haben wir bereits berührt. Der Goël sucht dem Verfolgten auf die ihm bequemste und sicherste Weise beizukommen, oft aus einem Hinterhalte, ohne zu wagen, sich im offenen Kampfe gegenüber zu stellen. Weder der Häuptling noch sonst Jemand wird als Zeuge des Kampfes beigezogen. Die Formen ei-

(*) Vergl. Martius, Reise III. p. 1310.

(**) Bei den Indianern von Nicaragua konnte ein Sclave ungescheut umgebracht werben; wer aber einen Freien tödtete, musste Sühnebusse an dessen Sohn oder andere Verwandte zahlen. Gomara p. 264.

nes Zweikampfes unter Aufsicht der Angehörigen von beiden Theilen sind
unter diesen Wilden gänzlich unbekannt.

Geringere Beleidigungen werden unmittelbar, nachdem sie zugefügt
worden, gerächt, indem hier beide Theile zuerst mit Worten, dann thät-
lich an einander gerathen. Die meisten Streitigkeiten werden in der Trunkenheit begonnen, und auch durch das Faustrecht entschieden. Nur selten
bringt der Besiegte seine Angelegenheit klagend bei dem Häuptlinge vor;
denn es wird für schändlich gehalten, sich in solchen Dingen nicht selbst
Genugthuung verschaffen zu können, und eine mächtige, gewandte Faust
gilt als das gewöhnliche Auskunftsmittel. Hierin steht also der Urbrasilia-
ner sogar hinter dem Grönländer zurück, welcher seine minder erhebli-
chen Streitigkeiten vor der versammelten Gemeinde durch einen Gesang
schlichtet, worin des Gegners Gebrechen und Fehler mit satyrischen Zügen lächerlich gemacht werden, so dass die Genugthuung für den Beleidigten
aus dem Beifall entspringt, womit die Zuhörer seine geistige Ueberlegen-
heit anerkennen*).

Dieser Vergleich führt uns, am Schlusse unserer Betrachtung, dasje-
nige Volk vor, welches, das nördlichste von allen der americanischen Raçe,
unter den Einflüssen einer äusserst kargen Natur lebt. Manches in dem
Leben dieses Volkes scheint anzudeuten, dass es eine gewisse Schärfe des
Urtheils entwickelt habe, welche man im Allgemeinen bei den südamericanischen Wilden vermisst. Doch dürfte dieser, verhältnissmässig höhere,
Grad geistiger Bildung vielleicht nur die Folge jener angestrengteren Uebung des Verstandes seyn, wozu der Grönländer im Ringen mit seiner un-
wirthlichen Umgebung veranlasst worden. Uebrigens gilt auch von diesem americanischen Polarvolke, was von allen übrigen, dass ihm nämlich
jene Erhellung und Erhebung des Geistes fremd ist, welche wir mit Recht
als die Zierde und wesentliche Bestimmung unseres Geschlechtes anerkennen. Alle Urbewohner America's stehen nicht blos auf einem Grade verwandter Bildung, sondern vielmehr ist der gesammte geistige Zustand,

(*) Cranz, Histor. v. Grönl. I. p. 231.

worin sich ihre Menschheit spiegelt, namentlich ihr religiöses und sittliches Bewusstseyn, diese Quelle aller übrigen inneren und äusseren Zustände, identisch bei allen, wie immer auch die äussern Naturverhältnisse beschaffen seyn mögen, unter welchen sie leben. Wenn also in den übrigen Welttheilen gleichzeitig und nebeneinander die verschiedenartigsten Stufen geistiger Entwicklungen und Hemmungen — das bunte Resultat manchfaltiger Geschichte — dargestellt sind, liegt dagegen die ganze americanische Urbevölkerung in monotoner Geistesarmuth und Erstarrung vor uns, gleich als wären weder innere Bewegungen, noch die Einwirkungen der Aussenwelt vermögend gewesen, sie aus ihrer moralischen Unbeugsamkeit zu erwecken und abzuändern. Der rothe Mensch beurkundet überall nur einerlei Geschick, er erscheint überall als Gegenstand einer gleichförmig armen Geschichte. Diess Verhältniss mag uns vorzüglich befremden, wenn wir eben die Vielartigkeit äusserer Einflüsse erwägen, denen er, der Bewohner von Ländern gegen beide Pole hin, und von da bis zu dem Erdgleicher, in Gebirgen und in Niederungen, auf Inseln wie auf dem Festlande, ausgesetzt ist. Mag man auch, und gewiss mit Recht, annehmen, dass geistige Kräfte sich im Kampfe mit einer stiefmütterlichen Natur stählen und vervielfachen, und dass dagegen in der lockenden Ueberschwenglichkeit der Umgebung ein stilles Gift liege, welches am Marke der Menschheit zehret, so müssen wir doch den Grund der Entartung der americanischen Urbevölkerung tiefer, als in dem Einflusse der sie jetzt umgebenden Natur, suchen. Nicht blos in den heissen und üppigen Niederungen dieses Continentes, wo den Indianer eine verschwenderisch wuchernde Natur umgibt, ist er zu thierischer Rohheit herabgesunken; auf den öden Klippen, in den kalten Wäldern des Feuerlandes hauset ein Geschlecht, in welchem wir die charakteristische Trägheit des Americaners zur entsetzlichen Geistesarmuth gesteigert sehen; und selbst auf den Hochebenen von Mexico, Cundinamarca und Peru, wo eine heitere Frühlingsnatur waltet, geeignet, die Kräfte des Menschen in schönster Harmonie zu entwickeln, lastete einst, viele Jahrhunderte vor der Einwanderung spanischer Conquistadores, auf den Einwohnern dieselbe Rohheit, ein Zustand, aus dem sie die theokratischen Institutionen ihrer Reformatoren, eines Quetzalcohuatl, Bochica und Manco Capac, nur kümmerlich zu erheben im Stande waren *).

Doch ist dieser rohe und traurige Zustand ohne Zweifel nicht der erste, worin sich die americanische Menschheit befindet: er ist eine Ausartung und Erniedrigung. Weit jenseits, und getrennt durch ein tausendjähriges Dunkel, liegt eine edlere Vergangenheit derselben, auf die wir nur aus wenigen Ueberresten schliessen können. Colossale Bauwerke, in Ausdehnung den altägyptischen vergleichbar, wie die von Tiahuanacu am See Titicaca, welche die Peruaner schon zur Zeit der spanischen Eroberung als Reste einer viel älteren Bevölkerung, der Sage nach wie durch Zauber in Einer Nacht geworden, anstaunten **), und ähnliche Schöpfungen, welche in räthselhaften Trümmern hie und da über die beiden Americas zerstreut sind, geben Zeugniss, dass ihre Bewohner in entfernten Jahrhunderten eine gegenwärtig ganz verschollene Bildung und moralische Kraft entwickelt hatten. Nur ein Nachklang davon, ein Versuch, die längst entschwundene Zeit wieder zurückzuführen, scheint uns in dem Reiche und in den Institutionen der Incas zu begegnen. Dieses Reich war aber so wenig festgewurzelt in dem Leben und in der Denkweise der entarteten Indianer, dass, unter Einwirkung der spanischen Eroberung, bevor noch vier Jahrhunderte verflossen, das ganze Gebäude der ehemaligen Inca-Macht wie ein Traum zerstoben ist. In Brasilien ist bis jetzt noch keine Spur einer solchen früheren Cultur entdeckt worden, und wenn sie hier geherrscht haben sollte, so müsste diess in einer sehr weitentfernten Vergangenheit gewesen seyn. Dennoch scheint in dem Zustande auch der brasilianischen, sowie jeder andern americanischen, Bevölkerung ein Zeugniss anderer Art zu liegen, dass die Menschheit dieses, sogenannten neuen, Continentes keineswegs aus jungen Völkern bestehe, geschweige dass wir wohl gar für ihr Alter und ihre historischen Entwickelungen einen Maassstab in unserer christlichen Zeitrechnung annehmen dürften. Dieses unabweisliche Zeugniss legt uns die Natur selbst in den Hausthieren und Nutzpflanzen ab;

(*) So schildern Gomara, Cieça, Acosta, Gascilaso u. A. die alten Bewohner von Mexico und Peru ausdrücklich.
(**) Pedro de Cieça, c. 105. Garcilaso L. III, c. 1. Ulloa, Relacion. IV. Resumen historico §. 34.

welche den Uramericaner umgeben, und einen wesentlichen Zug in seiner
Bildungsgeschichte darstellen. Der dermalige Zustand dieser Naturwesen
beurkundet, dass die americanische Natur schon seit Jahrtausenden den
Einfluss einer verändernden und umgestaltenden Menschenhand erfahren
hat. Auf den Antillen und dem Festlande fanden die ersten Conquistadores
den stummen Hund*) als Hausthier und auf der Jagd dienend, ebenso das
Meerschweinchen**) in St. Domingo in einem heimischen Zustande. Manche Vögelarten, wie der Puterhahn, das Jacamí, mehrere Hoccos u. dgl. ***)
wurden in den Höfen der Indianer gezogen. Das Llama war in Peru
schon seit undenklicher Zeit als Lastthier benützt worden, und kam nicht
mehr im Zustand der Freiheit vor; ja sogar das Guanaco und die Vicun-
na scheinen damals nicht ganz wild, sondern in einer beschränkten Freiheit
den Urbewohnern befreundet, gelebt zu haben, da sie, um geschoren
zu werden, eingefangen, sodann aber wieder freigelassen wurden†). Wie
alt der Umgang mit diesen Thieren war, geht insbesondere daraus hervor, dass die Llamas von vielen Peruanern sogar als heilig verehrt wur-
den††). Wo immer wir sonst einen ähnlichen Thierdienst finden, geht
er in eine graue Mythenzeit zurück. So ward auch das Idol eines Hun-
des von den Bewohnern der peruanischen Provinz Huanca verehrt, und
Andere beteten die Maispflanze an†††). Die Cultur dieser Pflanze, aus
welcher die Peruaner auch Zucker bereiteten, ist uralt; man findet sie und die
Banane, den Baumwollenstrauch, die Quinoa- und die Mandioccapflanze
eben so wenig wild in America, als unsere Getreidearten in Asien, Europa und Africa. Die einzige Palme, welche von den Indianern angebaut
wird††††), hat durch diese Cultur den grossen, steinharten Saamenkern

(*) Perro gosque mudo, Oviedo L. XII. c. 5.
(**) Dort Lori genannt, nach Oviedo L. XII. c. 4.
(***) Humboldt, Essai sur la Nouv. Espagne. II. p. 451.
(†) Inca Garcilaso, L. VI. c. 6. p. 179.
(††) Derselbe L. I. c. 10. L. II. c. 19.
(†††) Inca Garcilaso L. VI. c. 10. p. 184. L. I. c. 10.
(††††) Guilielma speciosa Mart., in der span. Gujana Gachipaés, in Brasilien Bubunha
    oder Pupunha genannt. Sie erscheint gegenwärtig in einem sehr grossen Verbrei-
    tungsbezirke, dergleichen sonst die Palmen nicht haben, und ist in vielen Gegenden

verloren, der oft in Fasern zerschmolzen, oft gänzlich aufgelöst ist. Eben
so findet man die Banane, deren Einfuhr nach America geschichtlich nicht
nachgewiesen werden kann, immer ohne Saamen. Man weiss aber aus
andern Erfahrungen, welch' lange Zeit nothwendig ist, um den Pflanzen
einen solchen Stempel von der umbildenden Macht menschlichen Einflusses
aufzudrücken. Gewiss, auch in America sind die dort heimischen Nutzpflanzen der Menschheit seit undenklichen Zeiten zinsbar unterworfen.
Nur zwei Fälle sind in dieser Beziehung denkbar: entweder sind jene
nutzbaren Gewächse im Umgange mit der Menschheit so verändert worden, dass man gegenwärtig ihren, noch vorhandenen aber gänzlich abge-
wandelten, Urtypus nicht mehr erkennt; oder die Einwirkung der Menschen auf jene Gewächse ist von der Art gewesen, dass sie der Fähigkeit
beraubt wurden, sich selbstständig zu erhalten, und nun nur in der Nähe
von Jenen ein gleichsam veredeltes und künstliches Leben zu leben im
Stande sind. Der tiefsinnige Denker, welcher in seinem „Systeme der
Weltalter" alle verschiedenen Richtungen in dem Bewusstseyn der Menschheit als eben so viele nothwendige Acte eines einzigen und innig verschlungenen Processes zu umfassen bemüht ist, erkennt eine gewisse Ma-
gie an, die von dem Menschengeschlechte auch über die Pflanzenwelt in
jener vorgeschichtlichen Zeit ausgeübt worden sey, da es sich aus dem
Zustande unstäter Freiheit in ständigen Wohnplätzen zu Völkern abge-
schlossen und ausgebildet hätte. Diese Idee, welche den Blick auf das
fernste Dunkel der Urzeit unsers Geschlechts hinlenkt, begegnet meiner
Ueberzeugung, dass die ersten Keime und Entwickelungen der Menschheit
von America nirgends anders als in diesem Welttheile selbst gesucht werden müssen.

Ausser den Spuren einer uralten, gleichsam vorgeschichtlichen, Cultur,
und eines verjährten Umganges der americanischen Menschheit mit der
Natur, dürfen wir als Grund für jene Ansicht wohl auch die Ba-
sis ihres dermaligen gesammten Rechtszustandes anführen. Ich meine hier

das wesentlichste Nahrungsmittel der Ureinwohner. In der Sprache von Chile bedeutet Pupun überhaupt das Fleisch einer Frucht.

eben jene, schon erwähnte, räthselhafte Zertheilung der Völker in eine fast unzählbare Mannichfaltigkeit von grösseren und kleineren Menschengruppen, jene gegenseitige fast vollständige Ab- und Ausschliessung, in welcher sich uns die americanische Menschheit wie eine ungeheuere Ruine darstellt. Für diesen Zustand finden wir keine Analogie in der Geschichte der übrigen Völker des Erdbodens. Die Americaner müssen daher ehemals von einem Schicksale betroffen worden seyn, das diesen fremd geblieben ist.

Man könnte sagen, dass in der alten Welt die Völker, gleich den verschiedenen Gebirgsformationen, die die Rinde unsers Planeten ausmachen, übereinander gelagert seyen. Indem sie der Genius der Menschheit in kleineren oder grösseren Massen so auf einander thürmte, sind manche spurlos verschwunden, als wären sie von den nachkommenden Geschlechtern überschüttet; andere treten uns, wie die sogenannten regenerirten Gebirge, als ein Gemische entgegen, aus ursprünglich verschiedenen Elementen, unter mancherlei Verhältnissen zusammengesetzt, aufgelöst und wieder vereinigt. Die ältesten Sagen und Geschichten nennen uns wenige grosse Völkermassen; je näher wir zu unsern Tagen herabsteigen, um so mehr individualisirt treten sie, innerhalb bestimmter Grenzen von Sprache, Gesittung und Oertlichkeit, auseinander. In den Enträthselungen solcher historischen Evolutionen ist der Geschichtforscher fast auf ein gleiches Verfahren mit dem Naturforscher angewiesen; denn so wie dieser das Alter und die Aufeinanderfolge der Gebirgsformationen aus Trümmern untergegangener Organismen zu entziffern sucht, so gewähren jenem die Sprache und mancherlei Sitten und Gewohnheiten, aus einer dunklen Vorzeit, rein oder vermischt, in das Leben späterer Völker fortgepflanzt, Andeutungen über das Wesen und die Zustände einer früheren Menschheit. Betrachten wir die americanische Urbevölkerung von diesem Standpuncte, vergegenwärtigen wir uns vor Allem die bis zum Aeussersten fortgeführte Zertrümmerung in kleine, oft gänzlich isolirte Völkerschaften, Stämme und Horden, so erscheint sie uns, um in jenem physicalischen Gleichnisse zu bleiben, wie eine durch unaufhörlich arbeitende vulcanische Kräfte aufgelöste Formation von Menschen. Wir dürfen uns bei diesem Anblicke wohl berechtigt halten, dem dermaligen gesellschaftlichen und rechtlichen Zustande der rothen Menschenraçe, — welcher eigentlich nichts anders als starre Ungeselligkeit ist, — eine grosse geschichtliche Bedeutuug zuzuschreiben. Diese, von babylonischer Sprachverwirrung begleitete, durch sie vervielfachte, Auflösung nämlich aller Bande einer ehemaligen Volksthümlichkeit, — das rohe Recht der Gewalt, der fortwährende stille Krieg Aller gegen Alle, aus eben jener Auflösung hervorgegangen, scheinen mir das Wesentlichste und für die Geschichte Bedeutungsvollste in dem Rechtszustande der Brasilianer, und überhaupt der ganzen americanischen Urbevölkerung. Ein solcher Zustand kann nicht die Folge neuer Katastrophen seyn. Er deutet mit unabweislichem Ernste auf viele Jahrtausende zurück. Auch scheint die Periode, in welcher ein solcher Zustand begonnen hat, um so ferner liegen zu müssen, je allgemeiner die Menschheit in Nord- und Südamorica, durch irgend eine noch unenträthselte Veranlassung, zu so vollendeter Zerstörung ursprünglicher Völkermassen und zu so unheilvoller Sprachverwirrung angetrieben worden ist. Langanhaltende Wanderschaften einzelner Völker und Stamme haben ohne Zweifel weithin über das gesammte americanische Festland Statt gehabt, und sie mögen vorzüglich die Ursache der Zerstückelung und Verderbniss der Sprachen und der, damit gleichen Schritt haltenden, Entsittlichung gewesen seyn. Aus der Annahme, dass sich nur wenige Hauptvölker, anfänglich auf gleiche Weise, wie wir es vom *Tupi*volke darzuthun bemüht waren, gleichsam strahlig zersplittert, untereinander gemischt, und in gegenseitigen Reibungen aufgelöst, und dass diese Wanderungen, Theilungen und Umschmelzungen seit undenklichen Zeiten fortgedauert hätten, lässt sich allerdings der gegenwärtige Zustand der americanischen Menschheit erklären; — allein die Ursache dieser sonderbaren geschichtlichen Missentwickelung bleibt darum nicht minder unbekannt und räthselhaft. — Hat etwa eine ausgedehnte Naturerschütterung, ein Meer und Land zerreissendes Erdbeben, — dergleichen jene vielbesungene Insel Atlantis verschlungen haben soll, — dort die Menschheit in ihren Strudel hineingezogen? — Hat sie etwa die Ueberlebenden mit einem so ungeheueren Schrecken erfüllt, der, von Geschlecht zu Geschlecht fortebend, den Sinn verdüstert und verwirrt, das Herz verhärtet, und diese

11 *

Menschheit, von den Segnungen der Geselligkeit hinweg, wie in unstäter Flucht auseinander jagen musste? — Haben vielleicht verderbende Sonnenbrände, haben gewaltige Wasserfluthen den Menschen der rothen Race mit einem grässlichen Hungertode bedroht und mit unselig roher Feindschaft bewaffnet, so dass er, mit dem entsetzlichen Bluthandwerke des Menschenfrasses gegen sich selbst wüthend, von seiner göttlichen Bestimmung bis zur Verfinsterung der Gegenwart abfallen konnte? Oder ist diese Entmenschung eine Folge langeingewurzelter widernatürlicher Laster, welche der Genius unsers Geschlechtes mit jener Strenge, die dem Auge eines kurzsichtigen Beobachters in der ganzen Natur wie Grausamkeit erscheint, am Unschuldigen wie am Schuldigen straft?

Bei solchen Fragen lässt sich selbst der Gedanke an einen allgemeinen Fehler in der Organisation dieser rothen Menschenrace nicht gänzlich abweisen; denn sie trägt, schon jetzt erkennbar, den Keim eines früheren Unterganges an sich, als wäre sie von der Natur bestimmt, wie ein Repräsentant einer gewissen Stufe der Menschenbildung, automatisch in dem grossen Getriebe der Welt dazustehen, mehr bedeutsam als wirksam. Es unterliegt keinem Zweifel: die Americaner sind im Aussterben begriffen. Andere Völker werden leben, wenn jene unseligen Kinder der neuen Welt sich schon alle zu dem grossen Todesschlaf hingelegt haben. — Was wird dann noch von ihnen seyn? Wo sind die Schöpfungen ihres Geistes, wo sind ihre Lieder, ihre Heldengesänge, wo die Denkmäler ihrer Kunst und Wissenschaft, wo die Lehren ihres Glaubens oder die Thaten heldenmüthiger Treue gegen ein gemeinsames Vaterland? Schon jetzt bleiben diese Fragen unbeantwortet; denn so herrliche Früchte sind an jener Menschheit vielleicht nimmer gereift; und was immer einst die Nachwelt frage, giebt, unbefriedigend, ein trauriges Echo zurück. Jener Völker Lieder sind längst verklungen, schon längst modert die Unsterblichkeit ihrer Bauwerke, und kein erhabener Geist hat sich uns von dorther in herrlichen Ideen geoffenbart. Unversöhnt mit den Menschen aus Osten und mit ihrem eigenen Schicksale, schwinden sie dahin; ja, fast scheint es, ihnen sey kein ander geistiges Leben beschieden, als das, unser schmerzliches Mitleiden hervorzurufen, als hätten sie nur die thatlose Bedeutung, unser

Staunen über die lebendige Verwesung einer ganzen Menschenraçe, der Bewohner eines grossen Welttheils, zu erzwecken.

In der That, Gegenwart und Zukunft dieser rothen Menschen, welche nackt und heimathlos im eigenen Vaterlande umherirren, denen selbst die wohlwollendste Bruderliebe ein Vaterland zu geben verzweifelt*): sie sind ein ungeheueres, tragisches Geschick, grösser denn je eines Dichters Gesang vor unsern Geist vorübergehen liess. Eine ganze Menschheit stirbt vor den Augen der theilnehmenden Mitwelt; kein Ruf der Fürsten, der Philosophie, des Christenthums vermag ihren trotzig finstern Gang zu hemmen, zu sicherer allgemeiner Auflösung. Und aus ihren Trümmern erhebt sich, in buntesten Mischungen, ein neues, leichtsinniges Geschlecht, begierig, das frischerworbene Vaterland seinem ersten Herrn nur um so früher und entschiedener zu entfremden. Der Osten bringt Blut und Segen, gesellschaftlichen Verein und Ordnung, Industrie, Wissenschaft und Religion über den weiten Ocean, aber, selbstsüchtig nur für sich: er baut sich eine neue Welt, und die Menschheit, welche einstens hier gewaltet, flieht wie ein Phantom aus dem Kreise des Lebens.

Gross und niederschmetternd sind diese Lehren einer Geschichte der Nachwelt; — aber der Mensch richtet sich freudig auf an dem herrlichen Gedanken, der wie ein fernes Wetterleuchten auch in der dunklen Seele des Wilden schimmert: es waltet eine ewige Gerechtigkeit in den Schicksalen sterblicher Menschen.

(*) Noch jüngst sprach in diesem Sinne der Präsident der nordamericanischen Freistaaten zu den Abgeordneten des Volkes. Botschaft des Präsidenten Jackson bei der Eröffnung des zweiundzwanzigsten Congresses. Allg. Augsb. Zeit. 1832. N. 10. p. 38.

Nachschrift.

Um die ausserordentliche Zerspaltung der brasilianischen Urbevölkerung nachzuweisen, schien es zweckmässig, in einem Anhange die Namen aller Völkerschaften, Stämme und Horden, welche mir bekannt geworden, nebst Angabe ihrer Wohnorte, aufzuführen. Dieses Verzeichniss möchte vielleicht als Leitfaden zu weiterer Untersuchung auf diesem dunklen Gebiete der Ethnographie nicht ohne Nutzen seyn.

In Beziehung auf das Tupívolk sind hier die wichtigsten Angaben über die verschiedenen ehemaligen Wohnsitze seiner Stämme zusammengestellt worden.

Die beigefügte Karte erläutert die grosse Verbreitung dieses Volkes, und zeigt die dem Verfasser wahrscheinliche Weise, in welcher es ehemals, von einer südlichen Gegend aus, über einen beträchtlichen Theil des südamericanischen Festlandes gewandert seyn dürfte.

Anhang.

Uebersicht der verschiedenen indianischen Völkerschaften, Stämme und Horden in Brasilien.

1. **Tupís** oder **Tupinambazes**. Ehemals das vorherrschende Volk in Brasilien, und am weitesten verbreitet; gegenwärtig, im Conflicte mit den Weissen, grösstentheils seiner Nationalität und Sprache verlustig, oder ausgestorben. Vergl. über die muthmasslichen Wanderungen und Vertheilungen der Tupís: Martius Reise III. S. 1093. ff., S. 1159. und die Karte. Der Name des Volkes wird auf verschiedene Art erklärt. Nach Vasconcellos (Chronica do Brasil. S. 91.) war Tupí ein Ort, woher die Tupís gekommen, und von dem sie den Namen angenommen hätten. Diese Etymologie scheint die richtigste. Derselbe Schriftsteller leitet (S. 94.) den Namen Tobayaras, der eigentlich wohl Toba- oder Tupí-uára, d. h. Tupi-Männer, bedeuten möchte, von Tóba, Antlitz, und Uára, Mann, her, weil die Tupís das Land am Meere, gleichsam das Antlitz des Landes, inne gehabt hätten. Auch von Toppá, Donner (auch Gott) ist das Wort abgeleitet worden. — Tupixaba (zusammengezogen Tuxaua), wie sich die Anführer der Tupís, und jetzt in der Lingua geral alle Häuptlinge nennen, heisst ursprünglich ebenfalls Herr der Tupís (Tupí-ava). — Die Namen der einzelnen Tupistämme endigen ursprünglich in a oder as, woraus die portugiesische Endung azes entstanden ist. Ich habe überhaupt bei allen Benennungen der Indianer Brasiliens die Bezeichnung des Plurals gebraucht, wie sie unter den Portugiesen üblich ist. In der Lingua geral würde der Plural in etá endigen: Toba-uaretá. Die Portugiesen gebrauchen den Singular nur, wenn sie den Namen mit Indio, Gentio oder Tapujo zusammensetzen, z. B. O Indio Botocudo.

Die Zahl und die Namen der einzelnen Stämme und Horden dieses Volkes ist immer sehr verschieden, und oft verstümmelt, angegeben wosden. — Nach der ältesten portugiesischen Urkunde, der Noticia do Brazil, v. Jahre 1589, gehörten folgende Stämme zu den Tupís: a) Tamoyós, an der Küste vom Cabo de S. Thomé bis Angra dos Reys. Ebenda S. 79., Southey, Hist. I. S. 184. — b) Papanazes, in Espirito Santo und Porto Seguro. Noticia S. 65. — c) Tupiniquins, an der Küste zwischen Camamú und Rio de S. Mattheus. Ebnd. S. 56. — d) Tupináes, anfänglich an der Küste im Reconcavo von Bahia, von wo sie die Quinimurés verdrängt hatten, dann, durch die Tupinambazes verjagt, im südlicheren Theile des Innern der Provinz Bahia. S. 308. — e) Amoipiras am südlichen Ufer des Rio de S. Francisco. S. 310. Diess Wort soll nach Einigen: Leute auf der andern Seite des Flusses bedeuten, S. Hervas, Idea. XVII. S. 25. Note. — f) Tupinambazes, von

1

2

Camamú bis zur Mündung des Rio de S. Francisco, S. 273. ff. — g) Pitogoares. In der Provinz Parahyba do Norte. S. 23. — h) Caités, nördlich vom Rio de S. Francisco, in Parahyba, Rio Grande do Norte und Ciará. S. 28. — Die in der Noticia gegebenen, nun ganz veralteten Nachrichten über diese Stämme finden sich wieder in dem Ms.: Aditamento extrahido da Chronica dos Jezuitas do Pará e Maranhão por Moraes da Fonseca Pinto 1759., woraus sie auszugsweise mitgetheilt worden von v. Eschwege in: Brasilien die neue Welt. I. S. 215. ff. Vergl. Southey, History of Brasil, I. S. 42. 201—205. 223—257. u. a. O.

Im Jahre 1633 nennt Laetius (Novus orbis S. 546 ff.) als Stämme der Tupís, welche er den Tapujas gegenüberstellt: die Petiguares, Viatan, Tupinambae, Caetae, Tupinaquini, Tupiguae, Tumminiví, Tamviae und Carioes.

Vasconcellos (Chronica p. 92.) führt im J. 1666 folgende Stämme der Tupínation auf: Tobayares, Tupis, Tupinambàs, Tupinaquis, Tupigoaes, Tumiminos, Amoigpyras, Araboyaras, Rarigoáras, Potiguáras (mit den Horden Tiquari und Para-ibas), Tamojos (auch Ararapac genannt, die Tamviae bei Laet), und die, richtiger zu den Goyatacases zu zählenden, Carijós (Carioes des Letzteren). Eben so nimmt sie i. J. 1784 Hervas a. a. O. S. 24., und nach ihm Vater im Mithridates III. 2. S. 440. an; doch werden, als zu dem Volke der Tupís gehörig, noch zwei Stämme, die Apantos am Amazonas, und die Tocantinos am Tocantins, aufgeführt.

Gegenwärtig hat sich die Ansicht von dem Tupívolke sehr verändert, indem nur der geringste Theil desselben im Zustande der Freiheit übrig ist. Bei der ausserordentlichen Ausdehnung dieses Volkes über einen grossen Theil von Südamerica können wir seine, gegenwärtig oft fast unkennbaren Reste in ethnographischer Hinsicht in fünf Gruppen theilen, sowie in sprachlicher Vater die drei Sprachäste des Süd-, West- und Nord-Guaraní unterschieden hat.

A. Die Südtupís oder Guaranís (Guaraní soll in ihrer Sprache einen Krieger bedeuten), in Paraguay, Monte Video und Rio Grande do Sul. Sie sprechen den reinsten und vollsten Dialekt, die sogenannte Guaranísprache. S. Vater a. a. O. S. 431. Vergl. v. Eschwege, Brasilien die neue Welt II. S. 163. ff.

Von dieser ehemals zahlreichen Menschengruppe sind gegenwärtig nur noch schwache Reste, meistens aldeirt, übrig. Dahin gehören:

a) Die Pinarés oder Pinarís, südlich von den Quellen des Uruguaya.

b) Die Patos, ehemals ein Fischervolk, an der Laguna de los Patos.

c) die Tappes, Tapés, Tapís in den Fluren von Monte Video und am Ybicuy, in der Provinz Rio Grande do Sul.

d) Die Guaycanans, Gunhanás, Guanhanas, Guannanas in den Campos de Vaccaria, der Provinz Rio Grande do Sul.

e) Die Biturunas (Schwarzgesichter? Nachtmänner?), südlich vom Rio Curitiba.

f) Die eigentlichen Guaranís, zwischen den Rios Paranà und Paraguay.

B. Die Osttupís oder eigentlichen Tupís, Tupinambazes; vorzüglich längs den Küsten des Oceans zerstreut, von der Ilha de S. Catharina bis an die Mündung des Amazonas. Sie sprechen das eigentliche Tupí, welches als Lingua geral von Anchieta und Figueira grammatisirt worden (S. Vater a. a. O. S. 441. ff.). In den südlicheren Provinzen Brasiliens, etwa mit Ausnahme von S. Paulo, hat sich kaum mehr eine Tradition dieser Sprache erhalten, und die Abkömmlinge der verschiedenen, ehemals hier ansässigen, Tupístämme sind grösstentheils mit der übrigen

Bevölkerung assimilirt. Die hierher zu rechnenden Stämme sind, von S. nach N. ausgehend:

a) Die Tamojôs, ehemals vorzüglich zahlreich und mächtig in der Bai von Rio de Janeiro, gegenwärtig fast ganz ausgestorben. Reste von ihnen wohnen im Dorfe de S. Lourenzo an der Bai, und in Aldea da Escada (Reise I., S. 213.). Die sogenannten Cafusos, Curibocas oder Caribocas, auch Cabres, welche man häufig in der Provinz S. Paulo antrifft, sind Mischlinge von Indianern dieses Stammes mit Negern. (Anmerkung: In der spanischen Tierra firme heissen solche Abkömmlinge Sombolóros oder Zambolóros; Saccalaguas sind Kinder derselben mit Mulatinnen, und Cholos Kinder der Mestizen mit Indianerinnen.)

b) Tupiniquins oder Tupinaquis, ehemals in Porto Seguro und der Comarca dos Ilheos ansässig, sind sie jetzt vollkommen aldeirt. Man findet sie z. B. in Belmonte, Camamú, Valença etc. Reise II., S. 677.

c) Tupinás, Tupináes, Tuppynás. Von ihnen stammen die Indios mansos westlich vom Reconcavo von Bahia, in der Villa de Cachoeira u. s. w.

d) Tupinambazes, Tupinambás waren die Ahnen der zahmen Indianer in Bahia, und südlich und nördlich davon längs der Küste, bis Sergipe d'El Rey.

e) Obacatüaras, verdorben statt Oba- (oder Yba-) catu-uáras, d. i. gute Waldmänner (vielleicht im Gegensatze gegen das vermeintliche Waldgespenst, den Oba-uára oder verdorben Uainára, so genannt). Sie wohnten auf den Inseln des Rio de S. Francisco. Ihre Abkömmlinge sind gegenwärtig Küstenbewohner in Sergipe d'El Rey und längs dem Rio de S. Francisco, vorzüglich in den ehemaligen Capucinermissionen.

f) Poty-uáras, Potigaras, Pitigares, bei Laetius Petiguares, heissen wohl eigentlich Pito-uáras, d. h. Tabakpfeifen- oder rauchende Männer, von Pita oder Aloë, Agave americana L., woraus sie ihre Pfeifen machten, oder von Piter, rauchen. Einer, oben S.40. angeführten, andern Etymologie gemäss hatten sie sich den Namen nach einem Anführer gegeben. Sie wohnten vorzüglich in Parahyba do Norte, Ciará und von da nördlich bis zur ehemaligen Comarca de Cumá in Maranhão. Ihr Dialekt scheint wenig von dem der Tupinambazes im Süden verschiegen gewesen zu seyn, auch wurden sie oft geradezu Tupinambazes genannt. Ihre Abkömmlinge bilden die schwache indianische Bevölkerung in den genannten Provinzen.

g) Die Caëtés, Caités, Cahetés. Einst zahlreich in Pernambuco und Ciará, jetzt ebenfalls ausgestorben oder aldeirt. Als untergeordnete Horden von ihnen wurden mir die Guanacás und die Jaguarnanas, d. h. Onzen-Indianer in Ciará und die Tramembés oder Teremembés, die in N. Senh. da Conceição d'Almofalla aldeirt sind; ferner die bereits erloschenen Quitarioris und Viatanis (Viatans) genannt. (Vielleicht sind auch die Cahy-Cahys in Maranhão, Mart. Reise II. S. 821., Reste der Caëtés.)

h) Tupajáros, Tupajáras, Tobbajares, eigentlich Tupi-uáras heisst eben Tupi-Männer. So wurden früher vorzugsweise die Tupíindianer genannt, welche in den nördlichsten Provinzen, von Ciará bis Maranhão und Pará hin, und auf der Serra de Ybiapaba wohnten. Reste von ihnen leben in Paço do Lumiar und in Vinhaës auf der Insel Maranhão, in der Villa de Monção und längs dem Rio Itapicurú. Vergl. Cazal Corografia bras. II. S. 223. Spix und Martius, Reise II. 831. Vielleicht sind Reste davon die Guajojaras, die an den Quellen des Rio Mearim in Freiheit leben sollen, und die Horde der Mannaxos (Manajôs), ebenfalls frei am Mearim und im Districte von S. Bento dos Pastos bons, westlich vom Rio das Balsas bis zum Tocantins, und aldeirt in Vinhaës. Der

Name Tabajaris kommt unter denen der Indianer von der Gujana vor (am Rio Caura), welche Hr. v. Humboldt (Relat. hist. III. p. 173.) aufgezeichnet hat.

C. Die Nordtupís, deren Reste man in Pará, Cametá und längs der beiden Ufer des Amazonas bis Topinambarana findet. Sie sprechen die Lingua geral, aber in einer ausserordentlichen Verschiedenheit von der ursprünglich durch Anchieta fixirten Weise. — Man unterschied früher folgende Horden:

a) Die Taramambás oder Taramambazes, auf dem Continente zwischen den Flüssen Tury-açú und Caité.

b) Die Nhengahibas oder Niengahüvas auf Marajó. Diess Wort bedeutet in der Tupísprache Sprachmänner, d. h. Leute, welche dieselbe Sprache sprechen. Der Name ist wahrscheinlich diesen Inselbewohnern von den Nachbarn auf dem Continente oder von ihnen selbst gegeben, gleichsam: Unsere Leute; wie auch die Deutschen von Thiuda, Volk, genannt seyn sollen. Eine andere Ableitung Inga-üvas oder Inga- (d. h. Acacia-) Indianer ist mir minder wahrscheinlich.

c) Pacajás oder Pacajazes wohnten auf dem Festlande rings um die Insel Marajó. Eben so nach Acunna die Apantos,

d) Die Mamayamazes und

e) Die Anajás oder Anajazes.

f) Die Guayanás oder Guayanazes. Alle diese Schifffahrt treibenden Horden wurden Igara-uánas, Kahnmänner, genannt.

g) Die Tocantinos oder Tucantines und die

h) Tochi- oder Cuchi-uáras sollen beide den Rio Tocantins herabgekommen seyn und sich an seiner Mündung niedergelassen haben.

i) Die Cambocas oder Bocas lebten an der grossen Süsswasserbai östlich von der Mündung des Tocantins, welche davon Bahia dos Bocas hiess. Sie waren in Melgaço, Oeiras und Portel aldeirt. —

k) Wahrscheinlich gehören hieher auch

als ein eigener Haufe der Tupís die Cupinharos (etwa Cupy-uaras? d. i. Ameisen-Indianer). Sie sollen noch jetzt südlich von S. Pedro d'Alcantara am Tocantins im Zustande der Freiheit haussen.

Mit geringerer Gewissheit wären auch die Uanapús und Taconhapés als Stämme des Tupívolkes anzuführen, wesshalb ich vorziehe, sie weiter unten folgen zu lassen.

Die Portugiesen nennen auch die Juruúnas (Schwarzgesichter) als einen Theil der ehemals in dieser Gegend ansässigen Tupís. Ich vermuthe jedoch, dass diese Indianer durch die Menschenjagden der Einwanderer aus westlichen Gegenden herbeigeführt, und der Abstammung nach verschieden waren.

Weiter gegen Westen wohnten ehemals noch mehrere Horden vom Tupístamme, auf welche unter andern die, freilich unkritischen, Berichte Acunna's hinweisen. Vgl. Martius, Reise III. S. 1159. Hierher gehören die

k) Cachig-uaras, Curig-ueres, Cumayaris, Guacui-aris, Guac-ares, Yacuma-aras, Cuchi-uaras, Agua-yras, Canisi-uras, Paca-jares jenes Schriftstellers. Von allen diesen Namen und Horden findet man jetzt keine Spur mehr am Amazonas. — Das Wort Ymirayares oder Ibirajares, welches auf vielen ältern Karten erscheint, heisst in der Lingua geral Holzmänner (Ibyra-uara), und bezeichnet also keine bestimmte, sondern nur eine, von den Tupís unter diesem Namen unterschiedene Nation oder Horde. Schon in der Noticia do Brazil S. 311. wird ihrer erwähnt, und der Verf. übersetzt das Wort richtig mit Senhores dos páos.

l) Als einen gewissermaassen selbstständigen, wahrscheinlich schon früher von dem Hauptvolke abgesonderten, vielleicht auf dem Madeirastrom ins nördliche Amazonenthal herabgekommenen, Stamm des Tupívolkes möchte ich die Omaguas, Homaguas oder Cam-

pevas (Canga-apevas d. i. Plattköpfe) betrachten. Wahrscheinlich sind auch die So-
rimaús, Sorimoés oder Soriman (von welchen
der Rio Solimoés seinen Namen trägt), so
wie die Yurimaús oder Yuru-maguas Horden
dieses, schon länger von den südlicher wohnenden Tupís getrennten, Stammes. Vgl.
Martius, Reise III. S. 1193. ff., wo ich versucht bin, in Uebereinstimmung mit Veigl
(in v. Murr's Reisen einiger Missionarien
S. 79. ff.) anzunehmen, dass diese Omaguas,
welche von den Umáuas am Yupurá verschieden sind, aus S. gekommen seyen. Nach
einigen Nachrichten sollen auch die Tecunas
oder Ticunas zu diesem Stamme gehören.
Vgl. Vater, Mithridates III. S. 597. ff. Diese
Tecunas sind grossentheils noch frei, aber
die Omaguas oder Campevas in Tabatinga,
Olivenza und andern Orten am Solimoés aldeirt und gemischt, so dass sie selbst ihre
Sprache zu verlernen anfangen.

D. Die Centraltupís sind gegenwärtig
noch die einzigen in vollem Zustande der
Freiheit übrigen Tupís. Man weiss mit Sicherheit, dass hierher zwei Stämme oder
Horden gehören: die a) Apiacás oder Apia-
cazes, und die b) Cahahybas (Caa-üvas,
Waldmänner?). Sie wohnen am obern Rio
Tapajôz, unterhalb der Mündung des R. Juruena, und bewähren sich, obgleich vollkommen unabhängig, friedlich gegen die seltenen
Expeditionen, welche von Cujabá aus den
Tapajôz hinabgehen. Eine grosse Aldea derselben am rechten Ufer des Arinos, aus hohen Hütten, ist den Reisenden bekannt geworden. — Vielleicht gehören, als Stammverwandte, hierher auch c?) die Uhahias
(vielleicht Uba-üvas, ebenfalls Waldmänner),
am untern Juruena, d?) die Ababas, nördlich von der Serra dos Parecis, in Mato Grosso,
und e?) die Mundrucús. S. unten.
Genauere Nachrichten über diese Tupís,
von welchen man vielleicht, bei einem län-

gern Aufenthalt unter ihnen selbst, wichtige
Aufschlüsse erhalten könnte, mangeln gänzlich.

E. Die Westtupís. Hierher wären diejenigen Stämme zu rechnen, welche nach
Vater (Mithridates III. S. 473. ff. Hervas,
Idea, XVII. S. 23.) die Westguaranísprache
redeten:
a) die Chiriguanas, Chirihuanas, Xiriguanos, Siricuanos, in der Provinz de S.
Cruz de la Sierra.
b) die Cirionós und
c) die Guarayós (Guarajús). Zu den Letz-
ten gehörten wahrscheinlich die Xarayas oder
Xareis, welche in den jährlich überfluteten
Gegenden am oberen Paraguay (Laguna dos
Xareis) wohnten. — Rücksichtlich der Chi-
riguanos ist noch zu bemerken, dass dieser
Name in Hochperu schon lange ohne Unterschied allen unbekannten, rohen, der Anthropophagie ergebenen und den aldeirten Indianern feindlichen Völkerschaften ertheilt
wird, etwa wie in Brasilien der Name Bugre
oder Botocudo. Vgl. Inca Garcilaso L. VII.
c. 17. So werden auch in S. Cruz de la
Sierra die Horden der Guaycurús, welche
Ueberfälle wagen, Xiriguanos genannt. Prado,
in Jornal o Patriota 1814. Jul. p. 16. Spix
und Martius, Reise I. S. 269.

Es folgen nun die übrigen, mit den Tupís nicht verwandten Völkerschaften.

I. Zwischen Rio de Janeiro und Bahia, vorzüglich in den Gebirgswäldern, auf den
Grenzen zwischen Minas, Rio de Janeiro, Espirito Santo und Bahia.

2) Aimorés, Aimborés, Aimurés, Gu-
aymurés, jetzt von den Portugiesen Botocudos genannt. Sie selbst nennen sich Eng-
craecknung. Die Coropós nennen sie Bokaiú,
und die Coroados Botschorinbaisschúna. Auch

Abatyrás und Avaquirás werden sie genannt. Gegenwärtig wohnen sie vorzüglich auf der Serra dos Aimorés und von da gegen Ost zwischen den Flüssen Pardo und Doce. — Eine Familie dieses Stammes sind die Guerens, welche in schwachen Resten am Rio Itahype übrig sind. Martius, Reise II. S. 677 und 683.

Die Quinimurés oder Quinimurás, (Quirigujae bei Laetius?), welche von den Tupiniquins aus der Gegend von Bahia vertrieben worden, scheinen auch zu diesem Stamme gehört zu haben. Vergl. Noticia do Brazil cap. 182 S. 311. Southey, History of Brazil I. S. 281. Cazal, Corografia brazilica I. S. 56. 377. u. 394.

Von den Portugiesen erhalten die Botocudos bisweilen auch die Namen Mônnos und Frechas, welche ohne Unterschied rohen und wenig bekannten Horden beigelegt werden.

3) Goytacáz, Goyatacás, Guaitacae, Waytaquases bei Laetius und Knives. Von diesem Volke werden gegenwärtig drei Horden unterschieden:

a) Goytacá - mopi,
b) Goytacá - açú und
c) Goytacá - Jacoritó. Die Meisten dieses Namens sind civilisirt, und wohnen zwischen den Rios Macahé und Cabapuana. Andere leben noch in einer halben Freiheit in den Wäldern am Rio Xipotó oder Chopotó in Minas Geraës. Diess sind die sogenannten Coroados (Geschornen). Sie heissen bei den Coropos Tschakhuibn. Ohne Zweifel gehörten zu diesen Goytacazes, oder wie man sie bisweilen auch noch nennen hört, Goya - tapúija, die Goainazes, welche, sowie die übrigen Goytacáz, in Höhlen unter der Erde gewohnt haben sollen. (Noticia do Brazil L. 1. c. 63. p. 85.) — Ferner gehörte zu diesem Volke der, in älteren Berichten häufig erwähnte Stamm der Cariós oder Carijós (bei Laetius Carioes). Er wohnte westlich von den Goyatacás, welche die Campos de Goyatacazes inne hatten, jenseits der ersten, waldigen Gebirgskette. Die freien Reste dieser Cariós werden jetzt Guarús, Guarulhos oder Saguarús (Sacarús) genannt. Sie ziehen in kleinen Banden in den Wäldern der Serra dos Orgaôs und in den Fluren der Provinz S. Paulo umher. Aldeirte Abkömmlinge von ihnen befinden sich wahrscheinlich in der Mission von Aldea da Escada (Spix und Martius, Reise I. S. 214.), so wie in der Umgegend von Macahé und auf den Inseln Ilha Grande, de S. Sebastiáo und de S. Catharina.

4) Purís, Purys, Pories. Grösstentheils im Zustande der Freiheit, doch gegenwärtig mit den Einwanderern in Frieden, wohnen sie am obern Paraibafluss, und zwischen diesem und dem Rio de Espirito Santo, im Innern der Provinz dieses Namens. Am R. Iguassú mit Guayanhas. Cazal II. S. 59. I. S. 208. Auch am Rio Xipoto. Spix und Martius am a. O. S. 373. v. Eschwege, Journ. v. Brasil.

5) Canarins, ein kleiner, wenig bekannter Stamm, zwischen dem Rio Mucury und dem Rio de Caravellas, Comarca de Porto Seguro.

6) Majacarís, Maxacarís, Majacalís oder Machacarys, am Rio Belmonte und zwischen diesem und dem Rio do Prado, Com. de Porto Seguro. Ehemals am R. Mucury.

7) Malalís, eine kleine Horde, jetzt aldeirt in Passainha, am Rio Seruhy Pequeno, nördlichen Tributär des Rio Doce, Prov. Minas Geraes.

8) Patajós, Patachós, Pataxós, am Rio Mucury, zwischen diesem und dem Rio de Porto Seguro längs der Meeresküste, zwi-

schen den Quellen des Rio Pardo und des Rio de Contas, sowie am Abhange der Seecordillere, westlich von Ilheos. Cazal II. S. 74. 100. ff. Pr. v. Neuwied, Reise I. S. 281.

9) Capoxòs, Capochós, in den steinigen Waldgebirgen auf der Grenze zwischen Minas Geraes und Porto Seguro, ohne beständigen Aufenthalt. Martius, Reise II. S. 493.

10) Panhames, Panhámis, Paniámes auf der Serra das Esmeraldas und an den Quellen des R. Mucury, doch ohne ständige Wohnplätze. Martius a. a. O.

11) Camacans, Camacaés oder Mongoyoz, Monxocós (Mangajás bei Laet.) von den Portugiesen genannt, wohnen neben den Capochós, vorzüglich aber zwischen dem Rio de Contas und dem Rio Pardo in der Provinz Bahia. — Eine in Villa de Belmonte aldeirte Horde der Camacans sind die Meniens. S. Pr. v. Neuwied, Reise II. S. 212.

12) Catathoys, auf den nordwestlichen Grenzen von Porto Seguro, wenig bekannt. Wahrscheinlich sind sie identisch mit einer Horde am obern Rio Pardo, bei Conquista, die man uns Cutachós oder Cotochós nannte. Die von uns gesammelten Sprachproben der Letztern stimmen sehr mit denen der Meniens überein und weissen die Cutachos als eine Horde der Camacans nach, dagegen weichen sie sehr von denen der Patachos ab, welche Pr. v. Neuwied (Reise II. S. 319.) mitgetheilt hat, wesshalb ich diese Cutachos nicht mehr, wie früher, (Reise II. S. 694.) für identisch mit den Patachos halte.

13) Cumanachós, Comanojós. Ein kleiner Stamm, Nachbarn der Capochós.

14) Sabujas und

15) Kiriris, sonst im Innern der Prov. Bahia, südwestlich von der Villa de Cachoeira, jetzt aldeirt in Caranquejo und Villa da Pedra Branca. Martius, Reise II. S. 615.

16) Macuanís, Macuanihs, Macoanís, Macunis, Màcunins, Maconís. Ursprünglich mit den Cumanachós u. A. in den Gebirgsländern auf den Grenzen von Minas, Porto Seguro und Bahia. Gegenwärtig theils an den Küsten, bei Caravellas, theils in der Nähe des Quartels von Alto dos Boys, in Minas Novas angesiedelt. Martius, Reise II. S. 491. ff.

17) Coropós, Cropós, Carpós, in ihrer Sprache den vorigen verwandt. Leben jetzt mit den Corondos längs dem Rio Xiporò, im Prezidio de S. João Baptista. Spix und M. Reise I. S. 375. v. Eschwege Journ. v. Bras.

18) Cachinés, Cachinexes, eine vielleicht gegenwärtig schon ausgestorbene Horde auf der Serra Mantiqueira, Prov. Minas Geraes.

19) Araris, Ararys, ehemals am Rio Preto, im südöstlichen Winkel der Provinz Minas Geraes. Jetzt vielleicht verschwunden.

20) Chumetós und

21) Pittás, zwei Horden, deren Reste in Valença, Prov. Rio de Janeiro, aldeirt seyn sollen. Cazal II. S. 25.

II. In den Provinzen S. Paulo, Rio Grande do Sul und in Monte Video.

22) Voturoés,
23) Tactayás,
24) Camés, } in den Grasfluren von Guarapoáva, Prov. S. Paulo. Gefährliche Wegelagerer.

25) Charruás, zuerst um die Lagoa mirim und nach S. bis zum Rio de la Plata. Später zogen sie sich mehr ins Innere des Landes zurück.

26) Minuános oder Minuánes, südlich vom Rio Ibicuy, Provinz Rio Grande do Sul; aldeirt unter andern in Grapuetan. Eine Horde von ihnen heisst Cassapa-Minuánes.

27) Quenuás, Quinoás am Uruguay. In diesen Gegenden wohnen auch die bereits erwähnten Stämme und Horden des Tupívolkes: die Patos, Guaycanans, Guaranís, Tappés. Die Abipón oder Abipones hauseten ursprünglich zwischen den Rios Pilcomayo und Vermejo (Innaté), also an den Gränzen Brasiliens, gegenwärtig aber haben sie sich weiter südlich gezogen (Dobrizhof. Abip. II. (¹) S.

III. In der Provinz von Mato-Grosso.

A. Am Paraguay (Papagai-Flusse) *).

28) Guaycurús oder Mbaya, Mbouyara, bei den Portugiesen und Spaniern Cavalleiros, die Berittenen, unter sich selbst Enacagás oder Eyiguayegí genannt. Azara, welcher (Reise II. S. 273.) behauptet, dass die Guaycurús ausgestorben und von den Mbaya verschieden seyen, scheint nur eine Horde des, auch gegenwärtig noch starken, Volkes im Auge gehabt zu haben. Sie wohnen jetzt vorzüglich auf der Ostseite des Paraguay von 19° 28′ bis 23° 36′ s. B. (Prado, Historia dos Indios Cavalleiros, im Jornal o Patriota

1814. Iul. S. 14.), und man unterscheidet daselbst sieben Horden derselben:

a) Pagachotéo, b) Chagotéo (die beiden stärksten), c) Adioéo, d) Atiadéo, e) Oléo, f) Laudéo, g) Cadioéo.

Prado bemerkt (a. a. O. S. 16.), dass die Horden, welche der Stadt Assumpcion gegenüber wohnen, Lingoás, und wenn sie gegen S. Cruz de la Sierra hin Streifzüge machten, dort Xiriquanos oder Cambaz genannt werden. (Vergl. oben S. 5., S. über die Guaycurús v. Eschwege Journ. v. Brasilien, Spix und Martius Reise I. S. 268 ff. Cazal Corografia braz. I. S. 252. 275.)

29) Guaná, Guanans, ehemals zahlreich und mächtig, auf der Westseite des Paraguay, in Chaco, jetzt zwischen der Serra de Chainez und dem Strome, ausserdem hier und da zerstreuet, und aldeirt im Prezidio de Miranda. Vielleicht gehören sie zusammen mit den folgenden:

30) Caháns. Der Name, den sich dieser Stamm selbst giebt, ist mir unbekannt. Cahans scheint verdorben statt Caa-huanas, d. i. Waldmänner in der Lingua guaranitica. Von den Guaycurús werden sie Cajuvaba oder Cajababa genannt, was ebenfalls Waldmänner heisst. Sie wohnen an den Quellen des Amambahy oder Mambaya, eines westlichen Confluenten des Rio Grande. Die Portugiesen nennen mehrere ihrer Horden die Geschwornen, Coroados. Unter diesem Namen ward uns auch eine an den Quellen des Xingú lebende Horde angegeben, welche vielleicht zum Volke der Bororós gehört, denn auch unter diesen soll es Geschorene geben.

31) Lengoás oder Lingoás, zwischen dem Pilcomayo und dem Paraguay, werden bald als Stammverwandte der Guaycurús, bald als ein eigenes Volk geschildert.

*) Eine Liste von 37 Namen von Indianer-Stämmen am linken, und von 20 am rechten Ufer des Paraguay ist, wie es aber scheint, sehr unkritisch, in den ältern Missionsberichten aus jenen Gegenden gegeben worden. Vergl. Nachr. von den Chiquitos S. 182.

32) Payagoá, Payaguás. Sie selbst nennen sich Nayaguá und theilen sich in zwei Haupthorden: Cadigué und Magach, wohnen, zum Theil civilisirt, an den Ufern der sogenannten Xarais oder jährlich überflutheten Wiesen, vorzüglich im Süden vom Forte de Nova Coimbra. Vergl. Mithridates III. S. 488 ff. Spix und Martius Reise I. S. 263.

Die Xaraies, Sacocies, Charneses und Chaqueses, welche am Anfang des sechszehnten Jahrhunderts am Paraguay wohnten (Southey, Hist. of Brazil I. p. 135.), sind jetzt verschwunden. Eben so die Bayas, eine Horde, die in der Mitte des vorigen Jahrhunderts bei dem Feche dos Morros sich gezeigt hatte (Cazal I. S. 286.); etwa Mbayas?

32) Guatós, von sehr weisser Hautfarbe, den Ansiedlern befreundet, ziemlich zahlreich au den Quellen des Tacoary und der Wasserscheide dieses Flusses, an den Quellen des Araguaya, nördlich von Camapuáo, aldeirt und civilisirt hier und da am Paraguay, z. B. an der Mündung des Rio de S. Lourenzo.

34) Guarajúz oder Guarayos, sonst auf der Serra dos Guarajúz, jetzt in Torres und Larangeiras aldeirt. Vielleicht eine Horde der Westtupis *)? Ihre Sprache soll jetzt sehr vom Guaraní abweichen.

_____

*) In dem benachbarten Gebiete südwestlich und westlich vom Paraguay, welches nicht mehr zu Brasilien gehört, wohnen:

A) zwischen dem Pilcomayo und Paraguay: 1) Die Aquiteguedichaga (nach Azara Reste des Volkes Cacoey), 2) Ninaquila, 3) Enimagas, 4) Guentusis, 5) Yamrure, 6) Machicuyo, 7) Mataguayes, 8) Pitilaguas, 9) Tobas, 10) Camacutás, 11) Corometés.

B. In Chiquitos: 1) Chiquitos, von ihnen sind auch welche in Cazal Vasco in Mato Grosso aldeirt. Sie nennen sich selbst Naquinonneis, 2) Chirivones (Ciriguanos, Ciriuanos, vielleicht vom Westtupi-Stamme?), 3) Taos,

B. Auf dem westlichen Theile der Campos dos Parecys, und auf dem Abhange derselben gegen den Guaporé hin.

35) Caúpezes, Caupés, auf den Campos westlich von Camapuáo. Sie sollen in Höhlen wohnen, und die Bauchhaut ausdehnen, so dass sie wie eine Schürze über gewisse Theile herabfalle. (Prado, a. a. O. S. 15.)

36) Pacaleques, von den Portugiesen Cam-

_____

4) Boros, 5) Tabúcas, 6) Tannopicas, 7) Xuberesas, 8) Zumanucas, 9) Bazorocas, 10) Puntagicas, 11) Quibiquibas, 12) Pequibas, 13) Bocas, 14) Tubacicas, 15) Aruparecas, 16) Piococas; alle diese sprechen die Tao-Sprache;

17) Piococas, 18) Quimecas, 19) Quapacas, 20) Quitagicas, 21) Pogisocas, 22) Motaquicas, 23) Zemuquicas, 24) Taúmocas, welche insgesammt Pinnoco reden;

25) Manacicas, 27) Sibacas, 28) Cucicas, 29) Quimomecas, 30) Tapucuracas, 31) Yuracarecas und 32) Yiritucas, welche Manaci sprechen;

33) Zamucos oder Chamucóccos, 34) Zahenos, 35) Ugarannos, welche die eigentliche Zamuco-Sprache; und 36) Caiptorade, 37) Tunachos, 38) Imonos, 39) Timinabas, die den Zamuco-Dialekt, Caipotarade genannt, reden;

40) Morotocas, 41) Tomoenos, 42) Cucurares oder Cucutades, 43) Pananas sprechen Morótoca-Zamuco.

C. In Moxos: 1) Moxos, 2) Baures, 3) Movimos (Mobimas), 4) Erirúmas, 5) Tapacuras, 6) Itonámas, 7) Huarráyos (Guarayos?), 8) Caniciánas, 9) Bolépas, 10) Herécepoconos, 11) Rotorónnos, 12) Pechuyos, 13) Coriciáras (vielleicht Coaraçe-uara, Sonnenmänner?); 14) Méques, 15) Mures, 16) Sapis, 17) Cayubábas (Gayvabas), 18) Canacurés, 19) Ocoronos, 20) Chumanos, 21) Mayacámas, 22) Tibois, 23) Nayras, 24) Norrís, 25) Pacabaras (Paca-uáras?), 26) Pacanabas (Paca-abas?), 27) Sinabus, 28) Cuyzáras, 29) Cabinas. Southey Hist. of Brasil III. S. 200 (nach dem Almanach von Lima). Diese Moxosindianer sprechen nach dem Almanach 8, nach Hervas aber 13 Sprachen. In ihren Namen spielen offenbar Bezeichnungen in der Guaraní-sprache mit andern durch einander.

pevas, Plattköpfe genannt (vielleicht Abkömmlinge der Tupís?). An den Quellen des Rio
Mondego oder Embetatohy.

37) Guaxis. Ein kleiner Stamm an den
Quellen des Rio Aranianhy.

38) Cabixís, Cabexís, Cabyxís. Streifen
auf den Fluren der Chapada dos Parecís her-
um. Feste Wohnplätze haben sie am Ursprung des Guaporé, Sararé, Piolho und Branco.

39) Cabixis-u-ajururis (vielleicht die roth-
bemalten Cab?), eine gemischte Horde an
den Quellen des Jamary und Jahira. (Nach
Franc. Ric. de Almeida Serra, im Patriota
1831. Decbr. S. 58., wo auch die übrigen
hier folgenden Indianerstämme von Mato-Grosso aufgezeichnet sind.)

40) Parecís, Paricys, ehemals die vorherrschende Nation auf den Fluren des Pla-
trau's von Mato Grosso, welche eben von
ihnen Campos dos Parecís heissen. Durch
die Schuld der Portugiesen, welche diess fleissige und friedliche Volk überall aufsuchten und
in Sclaverei abführten, ist es gegenwärtig fast
ganz erloschen. Trümmer desselben haben
sich mit den Cabixís und Mambarés vereinigt.

41) Ababas, ⎫ In den Wäldern an den
            ⎪ drei oberen Aesten des
42) Puchacás, ⎬ Corumbiára. Die Pu-
            ⎪ chacás auch am Juina,
43) Guajejús, ⎭ nördl. von den Tamarés.

44) Mequens, eine friedfertige Nation am
Rio Mequens.

45) Patitins, eine zahlreiche und ange-
sehene Nation längs dem oberen Mequens.

46) Aricoronés, Urucurynys ⎫ zahlreich,
                              ⎬ am Rio de
47) Lambys   ⎭ S. Simáo.

48) Tumararés, zwischen den Rios de
S. Simaó und Jamary.

49) Cutriás, Coturiás, an einem nördlichen Aste des Rio de S. Simáo, und gegen
den Juina hin.

50) Cautariós, Cautaróz, zahlreich, und
misstrauisch, an den drei Flüssen des Cautariós.

51) Paca novas, Pacas novas, am Rio
Pacas novas, Beiflusse des Mamoré.

C. Auf dem östlichen Theile der Campos dos Parecís und den nördlichen Gehän-
gen dieses Plateau's.

52) Maturarés, östlich von den Cabixís,
bis zu den Quellen des Arinos.

53) Mambarés, Mambaréz, am Taburuina,
östlichem Aste des Juruena, zum Theil vermischt mit den Cabixis lebend. (Der Apiacás und Cahahybas, freien Stämme des Tupívolkes, welche an der Vereinigung des Juruena und Arinos wohnen, ist bereits oben
Erwähnung geschehen.)

54) Uyapás, eine wilde Nation, nördlich
von den Vorigen.

55) Mambriarás, noch weiter abwärts,
am Tapajóz.

56) Tamarés am Juina und Alto Galera.

57) Sarumás zwischen dem Jamary und
dem Tapajóz.

58) Ubahiás, Ubayhas (Uba-üvas, Waldmänner?) unterhalb der Vorigen.

59) Xacuruhinas, Jacuruinas, am Flusse
dieses Namens.

60) Quajajás, Guajajáz,
61) Bacuris, Pacurys, } am Arinos.

(Von den Arinos, welche dem Flusse den Namen gegeben, hat man jetzt keine Spur mehr. Cazal I. S. 309.)

62) Camararés, am Rio Camarares, Aste des Jamary.

63) Quariterés, Guariterés, an den Quellen des Jamary und auf dem gegenüberliegenden Gebirge am Guaporé.

64) Baccaház, an den Quellen des Juruena.

65) Juruenas, am Rio gleichen Namens.

66) Cuchipôs, ehemals am Rio Cujabá, und auf dem Wege von S. Paulo nach Goyaz, unter andern bei der Hermida de S. Gonsalo, jetzt wahrscheinlich ausgestorben.

IV. In der Provinz Goyaz und den benachbarten Gegenden.

Die Goyas, Guayazes oder Goyazes (Gwoyazes), welche ehemals in der Gegend von Villa Boa hausten, und von denen die Provinz den Namen hat, sind ausgestorben. Eben so die Anicuns.

67) Cayapós, Caipôs, Cajopôs. Meistens Grossohren. Auf den Fluren an beiden Seiten des Rio Grande, im südlichen Theile der Prov. Goyaz, auch zwischen dem Paraná und dem Paraguay. Spix und Martius, Reise I. S. 268. II. 574. Hie und da aldeirt, wie in Aldea de S. Maria. Im Allgemeinen ist diese zahlreiche, weitverbreitete Nation gegen die Ansiedler feindlich gesinnt.

68) Bororós, westlich von den Quellen des Araguaya, und im Norden des Districtes von Cujabá. Eine zahlreiche, den Portugiesen feindliche Nation, die in kleinen Banden umherschweift. Zwei ihrer Horden werden von den Brasilianern Coroados und Barbados genannt. (Cazal. I. S. 302.) Aldeirt wurden sie in Goyaz, in Rio das Pedras, Lanhoso, Pisarrâo und anderwärts.

69) Baccahirys, an den Quellen des Rio Xingú und des Rio das Mortes. Sollen sehr weiss von Farbe und ein Stamm der Parecís seyn. (Cazal I. 302.)

70. Aróes oder Aráyes, an den Rios claro, das Mortes und andern südlichen Beiflüssen des Araguaya.

71) Tappirapés oder Tapiraqués, und

72) Ximbiuás, Chimbiuás, Ximboás, am westlichen Ufer des Araguaya.

73) Guapindagés oder Guapindayás, zwischen Araguaya und Xingú.

74) Javahés, Javaés, östlich von der Ilha de S. Anna im Araguaya, aldeirt in S. Jozé de Mossamedes. Sollen jetzt fast ausgestorben seyn.

75) Chavantes, Xavantes, zahlreich, im Allgemeinen frei und Feinde der Brasilianer. Am Araguaya und durch einen grossen Theil von Goyaz und der Nachbarländer zerstreuet Aldeirt wurden welche in der Aldea do Pedro Terceiro zu Caretâo (Goyaz).

76) Cherentes, Xerentes, auch Cherentes de Cuá (Quá) genannt. Wie die Vorigen zahlreich und weit verbreitet, besonders zwischen Araguaya und Tocantins. Die grössten Aldeas sind in Fluren auf der Ostseite des Tocantins, oberhalb der Mündung des

Rio Manoel Alvez Grande. Sie breiten sich von da sogar bis über die Wasserscheide des Tocantins aus.

77) Pochetys, Puchetys, Menschenfresser, nördlich von den beiden Letztern wohnhaft. Bisweilen nördlich bis zum R. Mojú schweifend.

78) Carayás, westlich vom Araguaya und auf der Insel de Santa Anna. (Martius, Reise II. S. 575.) Ehemals aldeirt in der längst wieder aufgegebenen Aldea da Nova Beira und in S. Jozé de Mossamedes.

79) Cortys, eine kleine Nation zwischen Tocantins und Araguaya.

80) Die Gês, Géz, eine grosse Nation, von der man viele sehr zahlreiche Horden und Stämme kennt. Zwischen Tocantins und Aragaya, bis dreissig Legoas im S. von S. Pedro d'Alcantara. Streifen oft weit nördlich bis Pará. Im Allgemeinen sind sie noch nicht unterworfen; doch fangen einzelne Horden an, mit den Reisenden in Verkehr zu treten. Ihre wilde Raubsucht macht sie den Ansiedlern fürchterlich.

a) Norogua-gês.
b) Apina-gês.
c) Cannaquet- (Canacata-) gês.
d) Mannacob-gés.
e) Poncata- (Poncate-) gês.
f) Paycob- (Paicab-) gês.
g) Aó-gês.
h) Cricata-gês (Gaviáo d. i. Geier-Indianer.)
i) Cran-gês.

81) Crans. Wahrscheinlich ist dieser Stamm ursprünglich nur eine Abtheilung der vorigen, mit denen er in dem Wesentlichen der Sprache übereinkommen soll. Vergl. Martius, Reise II. S. 822—825. Die Brasi-

lianer nennen sie Tumbiras, Timbyras, Timbiras, Embiras, Imbiras, vielleicht, weil sie Arme und Füsse mit engen Bändern von Bast (Embira) zieren. Sie unterscheiden folgende Stämme und Horden:

A. Timbiras da Mata.

a) Saccame-crans, zwischen den Rios da Balsa und Itapicurú.

B. Timbiras de Canella fina.

b) Corrume-crans
c) Crurecame-crans.
} In den Fluren zwischen Alto Mearim, Alpercatas u. Itapicurú.

C. Timbiras de Bocca furada:

d) Aponegi- (Ponegi-) crans.
e) Poni-crans.
f) Purecame-crans.
g) Paragramma-crans.
h) Macame-crans (Carauús, Carous).
i) Sapi-crans.
k) Xocame-crans.

Alle diese Stämme und Horden wohnen auf beiden Seiten des Tocantins, im nördlichsten Theile von Goyaz bis zum Anfange der Urwaldung (Mata Geral). Sie sollen in Sprache, Sitten und Gebräuchen übereinkommen. Sie streifen auf feindlichen Ueberfällen bis weit in die Provinz Pará und Maranhão. (Franc. José Pinto, im Patriota 813. Sept. S. 61. ff.

82) Tapacoás am gebirgigen östlichen Ufer des Tocantins.

83) Chacriabás, Xicriabás, ursprünglich am Rio Preto in der Provinz Pernambuco, jetzt, etwa 800 Seelen stark, in neun Aldeas im Districte von Desemboque, und in einzelnen Familien in Duro, Mossamedes, Rio das Velhas und Formiga übrig. (Eschwege, Brasilien, die neue Welt I. S. 93. ff.) Wahr-

scheinlich gehörten sie ursprünglich mit den Malalis an der Küste zu einem Volke.

V. Im Innern von Bahia, in Piauhy und Maranháo.

84) Acroás, Aruás, Acruazes, an den Quellen des Rio Parnahyba in Piauhy, zwischen ihm und dem Tocantins und Rio das Balsas. Es giebt zwei Horden:
 a) Acroa-assu, die Grossen A.
 b) Acroa-mirim, die Kleinen A.
Letztere leben noch im Zustande der Freiheit, Erstere sind aldeirt in Duro, Formiga und Mossamedes in Goyaz, und in S. Gonçalo d'Amarante in Piauhy. Vergl. Martius, Reise II. S. 807.

85) Masacarás, ehemals südlich von der Serra dos Dois Irmâos am Rio de S. Francisco, jetzt schon fast ausgestorben, einzeln in der Mission von Joazeiro, in Villa Real de S. Maria und in N. S. d'Assumçâo und in Quebrobô. Martius, Reise II., S. 741. S. 762.

86) Acrayás, ehemals am Rio de S. Francisco im Westen der Provinz Bahia, jetzt civilisirt in Rio Grande, Urubú u. s. w. aber sehr sparsam. Vielleicht nicht verschieden von den Acroás.

87) Aracujás,
88) Pontâs, } wie die Vorigen.

89) Goguês, Gueguês, zwischen dem südlichsten Theile des Rio Parnahyba, dem Rio dó Somno und dem Tocantins. Aldeirt in S. Gonçalo d'Amarante in Piauhy. Sprechen dieselbe Sprache mit den Acroás.

90) Geicos, Jahycos, Jaicos, ursprünglich am Rio Gorguea; aldeirt in N. S. das Merces in Piauhy und in der Mission von Cajueiro.

91) Pimenteiras zwischen den Quellen des Piauhy und des Gorguea. Ihr eigentlicher Name ist mir unbekannt. Sie sind jetzt wohl alle in der Provinz Piauhy aldeirt. Reise II., S. 805.

92) Chocôs oder Chucurús in Ororobá (Simbres) aldeirt; ursprünglich am Rio Pajehú.

93) Garanhuns am Rio de S. Francisco.

94) Cayrirís, Cairirís, Cayrís, auf der Serra dos Cayrirís. Cazal II., S. 183. Zum Theil aldeirt in Collegio.

95) Ceococes
96) Romaris } Sonst auf der Serra do Páo d'Assucar, Prov. Pernambuco, jetzt aldeirt in Propiha und S. Pedro am Rio de S. Francisco. Cazal II., S. 150.

97) Acconans, an der Lagoa comprida, wenige Legoas westlich von Penedo. Aldeirt in Collegio. Cazal II., S. 182.

98) Carapótos, auf der Serra Cuminaty, aldeirt in der Parochia do Collegio.

99) Pannaty, auf der Serra de Pannaty, Prov. Rio Grande do Norte.

VI. In Pará, längs dem Amazonenstrome und seinen Confluenten.

A. Auf der Südseite des Stroms.

100) Bôs, Bus, Gamellas der Portugiesen, mit denen sie in Feindschaft leben. Zwei Horden oder Stämme:
 a) Acob-Bús, am Tury-açú und Pinaré. Martius, Reise II., S. 823.
 b) Tememb-Bús.

101) Coyaca. Eine zweifelhafte Nation, auf einem Berge zwischen den Rios Mearim und Guajahú. Ebendas.

102) Ammaniús, am Rio Mojú, zwischen dem Tury-açú und dem Tocantins.

103) Guanapús, am Rio Guanapú. Vielleicht ein Stamm der Bús?

104) Pacajás, am Rio Pacajáz.

105) Tacanhopés, Taquanhopés, zwischen den Rios Pacajáz und Guanapú, und im Gebiete des Xingú. In der Lingua geral heissen so Indianer, welche ein eingerolltes Blatt (Taconha-oba) um das Membr. vir. tragen. Ihr eigentlicher Name ist mir unbekannt. In der Reise (III. S. 1047.) habe ich sie und die beiden vorhergehenden Stämme als zum Tupívolke gehörig aufgeführt. Hierüber mögen andere Reisende entscheiden.

106) Tacuhunos, Tacuahunas, Taguahunos (vielleicht ebenfalls eine Bezeichnung in der Lingua geral, etwa Gelbmänner, von Taguá, gelb?), am Rio Tacuhunos, Beifluss des Tocantins.

107) Jacundás, Yacundáz, zwischen dem Flusse dieses Namens und dem Tocantins.

108) Curiarés, Cariberís, Curiverés (vielleicht Curu-uáras, nach der Brasilianischen Fichte, die übrigens dort nicht wächst, oder nach einer andern Pflanze?)

109) Juru-unas, Schwarzgesichter.

110) Cuzarís, Cossarís.

111) Javipujáz.

112) Quaruáras (Guara-uaras, nach dem Ibis, Guara?)

Alle diese Stämme oder Horden werden noch gegenwärtig als Bewohner der Waldungen zwischen dem Xingú und Tocantins genannt. Zum Theil sind sie in den Jesuiten- und Kapucinermissionen aldeirt worden, zum Theil wohl schon ausgestorben. Vielleicht waren es auch Reste vom Tupívolke.

113) Tapajôs, Tapajocôs. Am Rio Tapajôz, der von ihnen seinen Namen hat. Jetzt wahrscheinlich ganz untergegangen. Reise III. S. 1050.

114) Yavaims, Javains,
115) Uarapás,
116) Tapocorás,
117) Piriquitas,

am Tapajôz, eb. so wie die folgenden bis zu 121. — Martius Reise III. S. 1053.

118) Suariranas (Vielleicht nach der Palme Januari oder nach dem Saouari (Caryocar nuciferum, Nussbaum) benannt.)

119) Sacopés, Anthropophagen, wie die:

120) Jacaré-Tapuüja (Kaiman-Indianer).

121) Uara-piranga (rothe Männer).

122) Mundrucús, Muturicús, von den Nachbarn Paignizé, d. i. Kopfabschneider, genannt; am Tapajôz, zwischen ihm und dem R. Mauhé. Grösstentheils frei, zum Theile aber in den grossen Aldeas am Tapajôz vereinigt, treten sie bereits mit den Weissen in Verbindung. Reise III. S. 1310. 1337. ff. Vielleicht zum Tupívolke?

123) Mauhés, am R. Mauhé und dem Furo Irariá. Ebendas. S. 1317. ff. Horden dieses Stammes sind:

a) Tatús, Armadill-Indianer.

b) Tasiuás.

c) Jurupari-Pereira, Teufels-Indianer.

d) Mucuims, von einem Insecte genannt.

e) Xubarás.

f) Uít-tapuüjas, d. i. Eingeborne.

g) Guaribas, Brüllaffen-Indianer.

h) Inambús, nach dem Vogel Inambú.

i) Jauareté, Onzen-Indianer.

k) Saucanes.

l) Pira-pereiras, Fisch-Indianer.

m) Caribunas (Vielleicht eine Cariben-
horde. Sie sollen Monorchi seyn).

124) Júmas. ⎫ An den Quellen des
             ⎬ R. Canumá, u. von da
125) Parentintins. ⎭ südlich. Einzelne aldeirt in Moura, Alvel-
los, Ega u. s. w.

126) Pammas, Pamas.

127) Andíras, Fledermaus-Indianer.

128) Aráras, Ara-Indianer. Alle drei
in dem oberen Gebiete zwischen dem Tapajóz und dem Madeira.

129) Múras, anfänglich am oberen Madeira, gegenwärtig zerstreut an diesem Strome, dem Solimoés, Amazonas und an vielen
andern Orten. Meistens sind sie Nomaden.
Doch hat man jetzt versucht, sie am Amazonas zu aldeiren. Martius, Reise III. S.
1070. ff.

130) Torá, Torazes, Turazes, ehemals
mit den Vorigen am Madeira, jetzt hört man
sie nicht mehr an den Ufern der dortigen
Flüsse nennen.

131) Ita-tapuüja, Stein-Indianer, wahrscheinlich weil sie einen Stein in der Unter-
lippe tragen, am Capaná und andern Beiflüssen des Madeira.

132) Amamatys, zwischen dem Madeira,
dem Purús und dem Capaná.

B. Auf der Nordseite des Amazonenstroms.

133) Amicuanos an den Quellen des
Anauirapucú.

134) Armabutós, ebendaselbst und weiter
westlich, jetzt fast ausgestorben.

135) Tucujús, am Rio Tueré.

136) Oaiapís, Uajapís, Aiapís, am Jarí
und dessen Ast, dem Guarataburú.

137) Apámas, westlich von den vorigen,
am Rio Parú.

138) Aracajús, ebenda. Aldeirt sind diese
beiden Stämme in den Villas Almeihin, Alem-
quer und Montalegre.

139) Harytrahes, an den Quellen des
Gurupatuba.

140) Cariguanos (Cari-Männer? Cariben?)
an den Quellen des Rio das Trombetas.

141) Uanibas, Anibas, ehemals am Rio
Aniba. Sollen jetzt ganz ausgestorben seyn.

142) Terecumás, Taracum, zwischen Rio
Uatumá und Anavilhana.

143) Aroaquís, Arüaquís, von den Portugiesen auch Orelhudos, Langohren, genannt, zwischen den Rios Nhamundá und
Negro, aldeirt in Serpa, Silves, Arrayolos
u. s. w. Martius, Reise III. S. 1080. 1114.

144) Caripunas, Caripuras, Caribes, Caraiben, an mehreren Orten, an den Quellen
der Beiflüsse des Rio Essequebo und des
Amazonas zwischen dem Negro und Trombetas. Auch am Yuruá sollen, südlich von
den Catuquinas, Cariben wohnen.

145) Curuaxi.

146) Saré, Sará.

147) Anicoré

148) Aponariá.

149) Tururi,

150) Juqui.

151) Urupá.

152) Paraquís.

153) Comaní.

154) Baeúna.

Lauter schwache, jetzt vielleicht grössten-theils ausgestorbene Stämme und Horden. Ehemals in Serpa, Saracá u. der Barra do Rio Negro aldeirt, Reise III. S. 1080. 1087.

VII. In der Provinz do Rio Negro.

A. Am Solimoés und seinen südlichen Beiflüssen.

155) Puru-purús, am untern Purú, zum Theil mit gefleckter Haut. Reise III. S. 1175.

156) Irijús
157) Tiarís

Am Purú, sonst in Serpa u. Alvellos aldeirt.

158) Amanys, Uamanys, am oberen Mamiá. Sonst in Alvello aldeirt, jetzt vielleicht ausgestorben?

159) Catauixís, Catauaixís, Catauxís, am oberen Purú und am Yuruá, zahlreich und kriegerisch. In Nogueira u. Ega aldeirt.

160) Catuquinas, Catoquinas, am Yuruá, oberhalb der Vorigen.

161) Uaraicús, Arauicús, am Yuruá, noch südlicher als die Vorigen, aldeirt in Fonteboa u. a. O. des Solimoés.

162) Tapaxanas, am obern Yuruá und Jutahy.

163) Marauás, Marauhás, ebenda, hie und da aldeirt, z. B. in Fonte Boa.

164) Maturuás.

165) Uacarauhás.

166) Gemiás.

167) Toquedás.

168) Chibarás.

169) Bugés.

170) Apenaris.

171) Urubús, Geier-Indianer

172) Canamerim, Conamarés.

Am Jutahya.

Von allen diesen Stämmen sind die, sehr weissen, Marauás, die Catauixís, Catoquinas und Canamerim die zahlreichsten.

173) Pacunas, ehemals am Bache Icabo, dann in Fonte Boa, jetzt vielleicht nicht mehr vorhanden.

174) Cirús, am Solimoés, sonst in Nogueira aldeirt, jetzt vielleicht ausgestorben.

175) Tamuanas, ebenso, sonst in Ega.

176) Ambuás, ebenso, ehemals in Alvaraés.

177) Momanás, ebenso, in Fonteboa.

178) Achoarys, Achouarys, und die Cuchi-uaras, deren bereits Erwähnung gethan worden, waren vielleicht Horden der Nord-

tupís. Sie waren in Ega, Nogueira u. a. O. aldeirt. Gleiches gilt von den Sorimoés, Solimoés, Soriman (vielleicht Yurimaús oder Jurimaguas, Omaguas, Campevas, die sonst auf den Inseln des Solimoés gewohnt haben. Vergl. Martius, Reise III. S. 1193.

179) Tacunas, Tecunas, Ticonas, Tucunas, am Jutahy, aldeirt in Olivença, Fonteboa, Castro d'Avelans. Vergl. Reise III. S. 1196.

180) Culinos, Culinas, Gulinos, am Yavary, durch runde Gesichter und grosse Augen ausgezeichnet. Ebendas. III. S. 1188.
Tumbiras kommen auch hier, wie in Maranhào, vor.

181) Curuamás
182) Chimanos } Am oberen Yavary.

183) Yaméos an den Grenzen Brasiliens gegen Mainas. Veigl, in v. Murr, Reisen einiger Missionarien. S. 71.

184) Majorunas, Maxorunas, Majironas, am Yavary. Reise III. S. 1195.

185) Toromonás, an den Quellen des Yavary.

B. Zwischen den Rios Solimoés und Negro.

186) Cauixánas, Cayuvicenas, und

187) Paviánas (Payanas), beide am Rio Mauapirí, am Tonantin und erstere am See Acunauhy, in dem Gebiete zwischen dem Yupurá, Auati-Paraná, Içá und Joamí. Ehemals aldeirt in Fonteboa, Martius, Reise III. S. 1191, 1215.

188) Iças,
189) Caca-Tapuüjas. } Am Içá, erstere sollen bereits ausgestorben seyn. Das

Wort ist wahrscheinlich aus der Quichua- und der brasilianischen Sprache zusammengesetzt. In ersterer heisst Caca Berg, und Caca-Tapuüja wäre etwa so viel, als das Spanische: Indio del Monte.
Ganz verschwunden sind die Uarue-coca (d. L vielleicht Coca-Männer, die die Coca oder das Ypadú-Pulver gebrauchen). Sie waren ehemals in Alvaraés aldeirt.

190) Die Portugiesen führen unter dem Namen Orelhudos eine wilde Nation am Içá auf. Die Spanier heissen sie Orejones. Den Stammnamen derselben habe ich nicht erfahren können.

191) Equitós, am R. Içá.

192) Alaruá, zwischen dem Auati-Paraná, Yupurá und Solimoés; ehemals in Alvaraés aldeirt.

193) Jumánas, Xumánas, am Içá, zwischen ihm, dem Joamí und Pureos. Als sehr fleissige, ruhige Leute in den Aldeas am Solimoés und Rio Negro beliebt, auch am Yupurá in Maripí ansässig. Reise III. S. 1206. Horden sind:
a) Caruaná.
b) Varauamá.
c) Jöcacuramá.
d) Lamárama.
e) Urizsámma.
f) Jajúnama (Uainumá?).
g) Picúama.
h) Jamolápa.
i) Malinumá.

194) Mariaróna, zwischen dem untern Yupura und R. Negro; ehemals in den Aldeas häufig, jetzt fast verschwunden.

195) Uainumás, bisweilen auch Uaimá genannt, den beiden Vorigen verwandt, frei zwischen dem Upí, einem Beiflusse des Içá

und dem Caninarí, der in den Yupurá fällt. Sie nennen sich selbst Inabissána. Martius, Reise III. S. 1208. Horden:

Miriti -		
Pupunha -		nach drei Palmen-
Assai -	Tapuüja	menarten genannt.
Moira -		Wald oder Holz-Ind.
Jauareté -		Onzen-Indianer.
Jacamí -		nach d. Vogel Jacamí.

196) Yurís, Jurís. Eine noch ziemlich zahlreiche Nation am Yupurá, zwischen diesem Flusse und dem Içá. (In der Quichua nannten die Väter ihre Söhne Churi, Garcilaso Comm. Real. I. S. 115.) Vergl. M., Reise III. S. 1225. 1236. ff. Horden oder Stämme dieser Völkerschaft:

Juri-Comá -		
Cacao -		Cacao-Indianer.
Moira -		Holz-Indianer.
Assai -		Palme Assai-Ind.
Tucano -		Tucan-Indianer.
Curassí -	Tapuüja,	Sonnen-Indianer.
Oira - açú -		Grossvogel-Indianer.
Ubi -		Rohrpalmen-Indian.
Uebytú -		Wind-Indianer.
Taboca -		Mundzapfen-Indian.

197) Passés, den Vorigen verwandt, vorzüglich am westlichen Ufer des Rio Içá und an der Mündung dieses Strömes; aldeirt hier und da in Maripí, Barra do Rio Negro, Fonteboa, Olivenza u. s. w. Réise III. S. 1190. 1203.

198) Coretús, am oberen Apaporís und zwischen diesem und dem Mirití-Paraná. Aldeirt in Ega und an and. Orten. Reise III. S. 1222.

199) Coërunas, am Miriti-Paraná, Beifluss des Yupurá, vorzüglich am Caritaxá u. in andern Gegenden nördlich von S. João do Principe. Reise III. S. 1202. ff. Auch ziemlich viel in Aldeas.

200) Yupuás, am Thothã, Arm des Apapurís, den Coretús verwandt. III. S. 1274.

201) Mepurys, zwischen den Flüssen Cunicuriaú und Mariá, Beiflüssen des Rio Negro, aldeirt in Castanheiro u. a. O.

202) Ayrinys, in der Nachbarschaft der Mepurys, aldeirt in N. S. de Nazareth u. a. O.

203) Yucúnas, Jucunas, westlich von den Quellen des Miriti - Paraná.

204) Miranhas, am oberen Yupurá, bis zum Fall von Arara-Coara, zwischen diesem Flusse und dem Içá. Reise III. S. 1242. ff. Horden:
a) Oëra-açú-Tapuüja, Grossvogel-Ind.
b) Carapaná-Tapuüja, Schnacken-Ind.
c) Muriatés-Tapuüja, mit den Vorigen im Kriege. III. S. 1266.

205) Umáuas, Máuas, Umáuhas, Maguas, am Yupurá jenseits des Falls von Arara - Coara. Reise III. 1255.

206) Macús, zwischen den Flüssen Tiquié und Uaupé, aldeirt in N. S. do Nazareth, S. Ant. do Castanheiro u. a. O.

207) Jaúnas, westlich von den Vorigen.

208) Tariána, nördlich von den Vorigen.

209) Tayassú-Tapuüja, Eber-Indianer, zwischen den Quellen des Apapurís.

210) Cajaruánas, nördlich von diesen.

211) Macunás, westlich von den Vorigen. Reise III. S. 1274.

212) Aethoniás, an den Quellen des Apapurís.

213) Pacas.

214) Tracuás.

215) Cravatanas.

} In diesem Gebiete, ohne genau bestimmte Wohnorte.

216) Xebéros, Chibáros, auf den Fluren westlich vom Rio dos Enganos, gegen Caguan hin.

217) Siroás zwischen den Quellen des Apapurís und dem Cayairy, westlichem Aste des Uaupés.

218) Deçanas, zwischen dem Guaviare und dem oberen Uaupés.

219) Uaupés, Guaupés, Auopés (Oaiupis?) am Flusse dieses Namens. Ehemals einige aldeirt in Nogueira.

220) Ariguanes, Arequenas, Uariquenas, Uerequenas, südöstlich von den Vorigen, auch am Uexié. Reise III. S. 1302.

221) Cauiarís, Cauaris, Cauyarís.

222) Içannas.

223) Manibas, Banibas, Manivas, alle drei am R. Içanna, und zwischen ihm und dem Ixié; ehemals nicht selten in den Ortschaften am R. Negro.

224) Cocuannas, Cucuanas, südlich vom R. Içanna, aldeirt in S. Joaquim de Coané und in Moura.

225) Mendós, am Uexié.

226) Capuenas, an den Quellen des Uexié.

C. Nördlich u. nordöstlich vom R. Negro.

227) Tarumas, Taruman, ehemals zahlreich an der Mündung des Rio Negro, jetzt ganz verschollen.

228) Manáos, Manoas, ehemals zahlreich und mächtig, vorzüglich am Rio Padauarí, wo jetzt noch eine Horde der Ore- oder Ere-Manaos wohnt. Gegenwärtig in der Vermischung mit den Weissen am Rio Negro untergegangen. Reise III. S. 1125.

229) Barés, mit den Vorigen ehemals die mächtigsten Indianer am Rio Negro, jetzt eben so verschmolzen. Reise III. S. 1302.

230) Yahaóna, Hyabahanas, zwischen dem Inabú und Maraviá, nördlichen Beiflüssen des Negro.

231) Curanáos, Caranáos, Curanaú, am Flusse Abuará.

232) Carajás, Carayaís.

233) Marapitanas, Marabutenas, auch Marizipanas, Marabytanas, an der Grenze von Rio Negro gegen den Cassiquiari hin.

234) Ujaquas, am Içá wohnhaft?, einzelne in dem Prezidio am Içá und am Rio Negro aldeirt.

235) Ayrinis, Arihinys, mit den vier folgenden südöstlich von den Marapitanas, kleine, jetzt wenig bekannte Stämme.

236) Uaipiana.

237) Cauaciricena.

238) Uaranacoacena, Maranacuacena, ehemals in Carvoeiro aldeirt.

239) Bayanahys, Bayanas, Bayanaís, aldeirt ehemals in Poyares.

240) Parauános, Paravilhanos, ehemals herrschend im untern Flussgebiete des Rio Branco, grossentheils aldeirt, frei am Uraricoera. Reise III. S. 1302.

241) Uabixanas,

242) Pauxianas,

243) Tapicarés,   Kleine, flüchtige Stämme im Gebiete des Rio Branco.

244) Ananaís,

245) Macunís,

Anmerkung. In der Liste der Indianer von Gujana, welche Herr v. Humboldt (Relat. histor. III. S. 173. ff.) gegeben hat, finden sich noch folgende Namen von Indianer-Stämmen oder Horden am Rio Negro, welche ich jedoch nicht einführe, da sie wenigstens zum Theil wahrscheinlich im Munde der Spanier veränderte Namen sind, welche bereits unter den Obigen vorkommen:

Arinavis, Berepaquinavis, Chapoanas, Cogenas, Deesanas, Daricauanas, Equinabis als Synonym der Marabitanas, Guamimanase, Guasurionnes, Mayepien, Maysanas, Manisipitanas.

In brasilianischen Manuscripten kommen ebenfalls noch viele andere Namen vor, welche aber oft nur durch Fehler der Abschreiber entstanden zu seyn scheinen. Ihre Aufnahme ist hier möglichst vermieden worden.

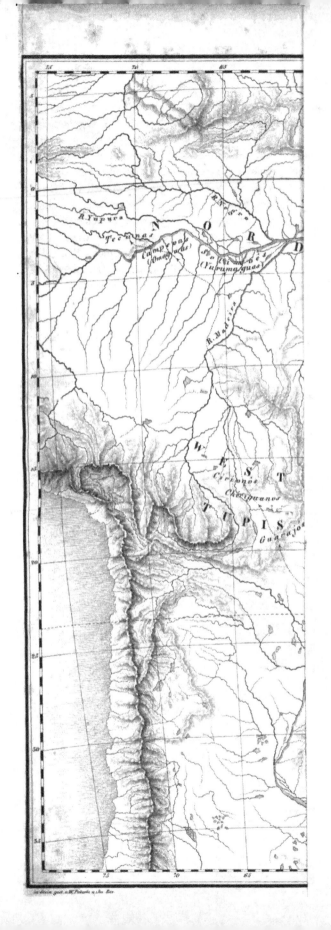